信陽　彭義注

京口　徐靜注

文宗閣毀於劫火。諸多文獻都已化爲灰燼。給後人研究它的歷史沿革和承載文明的作用增加了難度。目前能找到的文獻資料。除了當時的裝函清册和莫友芝的信件以外。也衹有少數幾個文人的記文賦文散見於諸文獻之中。今彙於斯并加注釋。以供研究者參考。

汪容甫先生精法樓校書記

李兆洛

唐邦治先生曾爲此文寫過按語。子均案。文宗閣四庫自乾隆五十七年（公元一七九二年）收貯。道光壬寅（公元一八四二年）英軍破壞。未盡殘損。咸豐癸丑（公元一八五三年）洪楊之禍。金山全部灰燼。遑論圖籍。李申耆先生此文必作於乾道之分。故云三閣篇籍粲粲明備。固不料此二三十年。三閣先後俱罹浩劫也。愚昔濫竽清史。休沐則常往城北第一圖書館。閱其四庫全書。適值浙江文瀾選派員司。駐藝補鈔四庫。始知文瀾燼餘。尚存逾半。故不惜重資鈔寫。以成全璧。回思我鎮揚

兩郡。文宗文匯其零篇斷簡掃地無餘。甚矣兵火無情。其影響及於文化有如此者。敢敬告海内曰。四庫共繕七分。清室自有其四。江浙分得其三。其底本則藏之翰林院。最先毀者爲鎮揚之兩部。次爲咸豐庚申（公元一八六〇年）圓明園之一部。又次則光緒庚子（公元一九〇〇年）翰林院之底本殲焉。今四庫存者當尚有燕京之文淵。盛京之文溯。熱河之文津。杭州之文瀾。共四部。學人有志於龍威秘書閬苑琅環寶籍者。不必懷天喪斯文之戚也。

汪中 字容甫。清代樸學家。揚州人。乾隆四十二年（公元一七七七年）拔貢生。曾爲朱筠畢沅幕僚。乾隆五十五年（公元一七九〇年）由畢沅謝墉王昶舉薦。由兩淮鹽政全德（又稱戴全德）聘爲文宗閣典書官。掌管校勘四庫全書事宜。乾隆五十九年（公元一七九四年）復奉命赴杭州校文瀾閣四庫全書。不久病卒。治學沿襲清顧炎武惠棟戴震以來的漢學門徑。是揚州學派的重要人物。汪喜孫容甫先生年譜五十五年（公元一七九〇年）庚戌夏自武昌歸里。是時高宗純皇帝詔修四庫書告成。頒於江蘇浙江。敕建文匯文宗文瀾三閣以儲之。畢督部沅謝侍郎墉王侍郎昶交薦先君司校勘之役。鹽政戴公全德禮致先君典文宗閣秘書。五十九年（公元一七九四年）甲寅十月。鹽政戴公全德薦往杭州校勘文瀾閣四庫全書。據此薦汪中爲文宗閣典書官者有畢沅謝墉王昶三人。汪喜孫汪氏學行記下曰。先君家傳。是時朝廷方修四庫書。書成頒於揚州杭州。俾各建閣以儲之。先君紬繹文宗文匯二閣書。（劉逢禄撰强識録跋）嘗欲擇書之秘者寫作楷本以供學者之借（焦循説）可知汪中在任文宗閣典書官時。曾計劃將四庫全書中罕見者重新鈔録。以供借出閲覽。

精法樓 在金山無梁殿之前。文宗閣典書官汪中曾校書於此。其子汪喜孫孤兒編卷二金山精法樓校書記。乾隆年間純皇帝頒四庫書於揚州鎮江杭州。俾司事者建閣以儲之。賜名文匯文宗文瀾。書凡三十萬餘卷。頒書之日。司事不能檢書。且多闕字。當道來觀。復無以專對。大吏薦先儒林典秘書。仿秘書外監故事。先儒林校書越三四年。書無缺。有來叩者。應對不窮。初僑金山精法樓校文宗閣書。終乃往杭州

檢文瀾閣之復重篇葉。補文宗文匯之缺。以文宗文匯之復重篇葉補文瀾之缺。遂歿於西湖葛林園。道光十二年。（公元一八三二年）喜孫葬母後。往哭奠先儒林殯室。先儒林返葬已四十年。杭人不忘先儒林之大業。會於湖上。設位以祭。胡楞農敬。嚴厚民傑。汪小米遠孫有記。於時喜孫主講鎮江寶晋書院。諸生之通經能文者柳榮宗。陳繼謙夏楨朱士龍沈懋復爲詩文以傳之。并祀先儒林於金山精法樓。樓前種竹栽柳葺亭。以奉木主。喜孫所謂雙塔插雲。列嶂蔽日。雜蒔修竹。汲引清泉是也。於後阮相國題額曰述德頌芬。李申耆兆洛題額曰仰之彌高。江都黄春谷承吉王勾生翌鳳上元胡聖輿鎬吴縣王二波嘉福儀徵張訊樣積善并有詩詞。是時鎮江通經碩行之士。并出喜孫門下。先是揚州經學始興。自先儒林倡之。江都黄承吉所謂經術吾鄉讓始通是其證也。喜孫謹記。汪喜孫孤兒編卷二金山精法樓碑記。江出岷山。淮自桐柏。匯於揚州之瓜州。江口經丹徒金山下。東入於海。自揚州出瓜州口。仰見江心浮玉。雕樓畫棟。彩虹朱欄。映帶江水。則金山在焉。其上黄鶴凌虚。極目千里。天風浪浪。横絶太空。千頃之波。萬流仰鏡。日光玉潔。倒影琉璃。卓午當空。長天一色。水光山立。飄若浮雲。天地自寬。蒹葭自遠。浩蕩浮漚。斯焉獨寄。至若上元夜月。中秋放舟。有客推篷。星火明滅。兩三漁唱。疑是龍吟。如回電掣。風雨離合。山勢欲吞。長鯨吸水。蟜如游龍。擊浪山奔。大波如舞。墨雲四合。隱隱青松。東風霧披。浮雲始散。舉頭是日。復見天心。似此風波。焉能蔽日。厥惟水明若鏡。波平不驚。過江

諸山。沐日浴月。翠色如黛。障若列屏。風正帆懸。遠際瓜步。櫓聲欸乃。於於而來。不涉波濤。蕭焉自適。則有傑閣凌雲。百尺之樓。照映江水。我朝右文稽古。天禄琳瑯。藏之名山。傳之亦世。家傳儒業。外監秘書。乾隆以來。於茲三世。昔住寶晋。制主樓下。以祀先人。念我先人。力疾校書。以隕其身。魂氣往來。尚歆斯土。

李兆洛 字申耆。清代樸學家。常州人。嘉慶十年（公元一八〇五年）進士。授翰林院庶吉士。充武英殿協修。嘗任安徽鳳臺知縣七年。主講江陰暨陽書院近二十年。專精史學。尤嗜輿地。又精古文。是陽湖派代表作家。著有養一齋集等。按養一齋文集續編卷三與汪孟慈書云。昨復奉命撰精法樓記。向尚不知容甫先生精心瘁力如此。是以未敢措辭。今已知之。自當努力成之。恐不能稱淳父學使書額。亦當爲言之也。孟慈即汪中之子汪喜孫。可見此文係應汪喜孫之請而作。養一齋文集不載。而李兆洛弟子蔣彤丹棱文鈔卷三有之。蓋係蔣彤代筆。

劉向别傳曰。校書之事。一人持本。一人讀辭。若怨家相對。故曰校讎。又曰。每一書就。向輒撰爲一録。論其指歸。辨其訛謬。叙而奏之。既校正其字形。乃論

辨其真僞著作者大旨必二一者兼斯爲校書。

劉向 沛縣。（今屬江蘇）人本名劉更生字子政。西漢經學家目録學家文學家曾奉命領校秘書。所撰別録爲我國最早的官修叙録體目録。太平御覽卷六一八劉向別傳曰。讎校者一人持本一人讀析。若怨家相對。故曰讎也。今漢書卷三十六劉向傳無此文。

歆校書天禄閣。總據群編。撮其指要。著爲七略。班固傅毅遂編之爲漢書藝文志。其端引皆發之向也。

劉歆 字子駿。西漢後期的著名學者。在古代典籍分類整理方面作出重要貢獻。建平元年（公元前六年）劉歆的父親劉向去世。漢成帝任命劉歆爲中壘校尉。漢哀帝即位後。授光録大夫。統領校書工作。以完成其父未竟之業。他在劉向別録基礎上。修訂成中國歷史上第一部綜合性圖書分類目録七略。七略共分圖書爲六類。有六藝略諸子略詩賦略兵書略術數略方技略。又有輯略。爲全書叙録。隋書卷三十二經籍志。向卒後。哀帝使其子歆嗣父之業。乃徙温室中書於天禄閣上。歆遂總括群篇。撮其指要。著爲七略。一曰集略。二曰六藝略。三曰諸子略。四曰詩賦略。五曰兵書略。六曰術數略。七曰方技略。大凡三萬三千九十卷。集略通作輯略。

班固 字孟堅。漢扶風安陵（今陝西咸陽東北）人。東漢史學家文學家。曾任典校秘書。修成漢書。傅毅。字武仲。扶風茂陵（今陝西興平東北）人。東漢辭賦家。隋書卷三十二經籍志。又於東觀及仁壽閣集新書。校書郎班固傅毅等典掌焉。并依七略而爲書部。固又編之以爲漢書藝文志。故漢書藝文志係據劉歆輯略節取而成。按隋書不言傅毅參與漢書藝文志的編纂。

厥後代承斯業。其著者魏荀勖四部。宋王儉七志。梁阮孝緒七録。然不能正其流別。但記書名而已。則猶是目録家也。

荀勖 字公曾。晋潁川潁陰（今河南許昌市）人。晋書卷三十九荀勖傳。俄領秘書監。與中書令張華依劉向別録整理記籍。曾仿魏秘書郎鄭默所編的宫廷藏書目録中經（又稱魏中經簿）編成中經新簿。又稱晋中經簿。據阮孝緒古今書最所記載。該書共十六卷。著録圖書一千八百八十五部。二萬零九百三十五卷（隋書經籍志記爲二萬九千九百四十五卷）。這部目録共分甲乙丙丁四部。突破了七略的文獻分類格局。構畫出四部分類法的雛形。對中國目録學的發展有一定的推動作用。

王儉　字仲寶。祖籍琅邪臨沂。（今屬山東）南朝齊文學家目錄學家。曾依劉歆七略撰七志。突破劉歆收書不收圖的舊例。新增圖譜志。又特立文翰一目以詩賦文集屬之。即後世集部雛形。隋書卷三十二經籍志（南朝宋）元徽元年。秘書丞王儉又造目錄。大凡一萬五千七百四卷。儉又別撰七志。一曰經典志。紀六藝小學史記雜傳。二曰諸子志。紀今古諸子。三曰文翰志。紀詩賦。四曰軍書志。紀兵書。五曰陰陽志。紀陰陽圖緯。六曰術藝志。紀方技。七曰圖譜志。紀地域及圖書。其道佛附見。合九條。然亦不述作者之意。但於書名之下。每立一傳。而又作九篇條例。編乎首卷之中。文義淺近。未爲典則。

阮孝緒　字士宗。南朝梁陳留尉氏（河南尉氏）人。南朝梁目錄學家。曾博采宋齊以來圖書集爲七錄一書。總結前人目錄學之成就。隋書卷三十二經籍志（南朝梁）普通中。有處士阮孝緒。博采宋齊已來王公之家凡有書記。參校官簿。更爲七錄。一曰經典錄。紀六藝。二曰記傳錄。紀史傳。三曰子兵錄。紀子書兵書。四曰文集錄。紀詩賦。五曰技術錄。紀數術。六曰佛錄。七曰道錄。其分部題目。頗有次序。割析辭義。淺薄不經。

宋王堯臣并合四館書定其存廢爲崇文總目。六十餘卷。每條具有論説。鄭樵作通志。謂其文繁無用。今所傳者。乃其略也。

王堯臣　字伯庸。應天府虞城（今河南虞城）人。北宋仁宗時期著名詩人詞人文學家書法家。有崇文總目。崇文總目三十卷。四庫全書總目提要卷八十五史部目錄類崇文總目提要。宋王堯臣等奉敕撰。蓋以四館書并合著錄者也。宋制以昭文史館集賢爲三館。太平興國三年（公元九七八年）於左升龍門東北建崇文院。謂之三館。新修書院。端拱元年（公元九八八年）詔分三館之書萬餘卷別爲書庫。名曰秘閣。以別貯禁中之籍。與三館合稱四館。景祐元年（公元一〇三四年）閏六月以三館及秘閣所藏或謬濫不全。命翰林學士張觀。知制誥李淑。宋祁等看詳。定其存廢。訛謬者刪去。差漏者補寫。因詔翰林學士王堯臣。史館檢討王洙。館閣校勘歐陽修等校正條目。討論撰次。定著三萬六百六十九卷。分類編目。總成六十六卷。於慶歷元年（公元一〇四一年）十二月己丑上之。賜名曰崇文總目。後神宗改崇文院曰秘書省。徽宗時因改是書曰秘書總目。然自南宋以來。諸書援引。仍謂之崇文總目。從其朔也。崇文總目據南宋至元初續通鑑長編。麟臺故事中興書目。事實類苑。文獻通考諸書記載。編成。其卷數有六十卷。六十四卷。六十六卷。六十七卷諸説。

鄭樵　字漁仲。南宋興化軍莆田（福建莆田）人。宋代史學家目錄學家。一生專心著述。所著通志共二百卷。分傳譜略三部分。二十略共

款。九百十九部七萬一千七百三十八卷。查明文津閣并各殿書籍共四千二百五十三部十六萬二千七百五十三卷李兆洛稱文淵閣書十二萬十六萬卷不知何據。

四迄　迄。至到。詩大雅生民。後稷肇祀。遮無罪悔。以迄於今。毛傳。迄。至也。文教四迄即文教達於四方。

江都汪容甫先生乾隆間以博辨推重公卿。爲典書官。因是盡讀二閣書而居金山精法樓中爲最久。杭人以先生嘗校書於湖上。而祀之葛嶺。此爲先生之鄉邦。不宜奉俎豆於斯歟。

葛嶺　道教名山勝地。位於浙江省杭州市西湖之北寶石山西面。海拔一百六十六米。相傳東晋時著名道士葛洪曾於此結廬修道煉丹。故而得名。嶺上有抱樸道院。現爲全國重點開放道教宮觀。葛嶺頂上的初陽臺是觀日出的佳處。錢塘十景之中的葛嶺朝暾即此。汪喜孫孤兒編卷二先君學行記。道光十八年。浙江學使祀先君於西湖詁經精舍。仁和梁氏祀先君於葛嶺園之梁莊。丹徒寶晋書院諸生陳維謙祀先君於金山精法樓。

俎豆　一種祭祀宴客用的器具。史記孔子世家。常陳俎豆。設禮容。這裡引申爲祭祀和崇奉之意。范曄後漢書祭遵傳。雖在軍旅。不忘俎豆。

孟慈嘗爲余言。先生校書得條記二十餘萬言。固未獲見。蓋未經部分。故無得而傳焉。

孟慈　汪中之子汪喜孫。一名喜荀。字孟慈。嘉慶十二年（公元一八〇七年）舉人。官至河南懷慶府知府。有大戴禮記補。且住庵詩文稿。孤兒編等。

按新編汪中集附録載劉逢禄汪容甫先生遺書叙曰。先生嘗紬校文瀾文宗二閣全書。繩愆糾謬。不下數百萬言。所謂校讎之語。與此所謂條記或有不同。

部分　整理安排。後漢書馮异傳曰。及破邯鄲。乃更部分諸將。各有配隸。

自古承學之士。闔户深思。爲向歆之學。或反約以致賅。或務博以廣异。如晁恭武陳振孫朱睦㮮黄

五十二卷。是全書精華。其中校讎略和藝文略是研究中國目録學校讎學的重要文獻。通志卷七一校讎略。今崇文總目出新意。每書之下必著説焉。據標類自見。何用更爲之説。且爲之説也。已自繁矣。何用一一説焉。至於無説者。或後書與前書不殊者。則强爲之説。使人意怠。且太平廣記者。乃太平御覽別出廣記一書。專記异事。奈何崇文之目所説不及此意。但以謂博採群書。以類分門。凡是類書。皆可博採群書以類分門。不知御覽之與廣記又何异。崇文所釋大概如此。舉此一條。可見其他。四庫全書總目卷八十五史部目録類崇文總目提要稱。考原本於每條之下具有論説。逮南宋時鄭樵作通志。始謂其文繁無用。紹興中遂從而去其序釋。故晁公武讀書志陳振孫書録解題著録皆云一卷。

我朝右文好古。遠軼前代。乾隆三十七年。廣獻書之路。文淵著録十二萬餘卷。附存目十六萬餘卷。欽定四庫全書總目提要總二百卷。其博以核。前古未嘗有也。天子以江浙獻書之多。爲天下最。故建四閣貯書。以副文淵。而文匯文宗文瀾江浙得其三。非以誇示宏富。亦令志學者登閣而讀。傳録海宇文教四讫也。

廣獻書之路　參卷一文宗閣書香傳世所載乾隆三十七年（公元一七七二年）正月初四諭。

文淵著録十二萬餘卷　此説疑誤。據任松如四庫全書答問。四庫全書著録之書。都凡三千四百五十七種。七萬九千零七十卷。即四庫全書實有各書之總數。總目中僅存書名而未收其書者都凡六千七百六十六種。九萬三千五百五十六卷。即存目之書之總數。文瀾閣志卷上載文淵閣書經部一萬二百十四卷。史部二萬一千三百五十九卷。子部一萬七千五百六十六卷。集部二萬六千七百五十七卷。合計得七萬五千八百九十六卷。纂修四庫全書檔案録光緒二十年（公元一八九四年）五月二十六日熱河正總管世綱副總管英麟奏。摺查得文津閣庫存繕本經史子集刊本古今圖書集成等書。按架逐函依照目録核對詳查。計六千八百五函。三千三百三十四部。九萬一千十五卷。又詣園内各殿宇。將陳設書籍逐卷詳加考核。添注卷數版目。編輯各名款。分類開單。計四百六十二

虞稷朱彝尊皆其選也。

闔户 閉門。闔。關閉。易系辭上是故闔户謂之坤。闢户謂之乾。孔穎達疏。闔户。謂閉藏萬物若室之閉闔其户。

晁恭武 當作公武。字子止。南宋時濟州巨野人。宋代著名目録學家。宋高宗二年（公元一一二八年）進士。官至吏部侍郎。家富藏書。又得南陽藏書家井度贈書。校讎异同。論述大旨。編有郡齋讀書志二十卷。該志是現存最早的具有提要的私家藏書目録。基本包括了南宋以前的各類重要著述。著録圖書一千四百九十六部。除去重見者實爲一千四百九十二部。具有較高的學術價值。

陳振孫 曾名瑗。字伯玉。號直齋。湖州安吉人。南宋藏書家目録學家。官至侍郎。生平愛藏書。周密在齊東野語卷十二中説。近年惟直齋陳氏書最多。蓋嘗仕於莆。傳録夾漈鄭氏方氏林氏吴氏舊書至五萬一千一百八十餘卷。且仿郡齋讀書志作解題。極其精詳。直齋書録解題分二十二卷。它的學術價值可與郡齋讀書志相媲美。被譽爲古代私家書目的雙璧。全書共著録圖書三千零三十九種。五萬一千一百八十卷。這個數量大大超過了宋代及以前的私人藏書。即使與當時的官府藏書相比。也毫不遜色。藏量超過了中興館閣書目的四萬四千四百八十六卷。

朱睦㮮 又作朱睦挈。字灌甫。號西亭。安徽休寧人。明代藏書家學者。明宗室。封鎮國中尉。藏書極富。明初全國私人藏書之富推江都葛氏和章丘李氏。兩家藏書散出後。他全部購入手中。當時家居汴梁（今河南開封）就其宅西建書堂五楹。名萬卷堂。將書類分爲經史子集四部。用各色牙簽識别。

黄虞稷 字俞邰。號楮園。福建晋江人。明末清初著名藏書家。嘗與修明史。家富藏書。他在其父千頃齋藏書目録的基礎上。花費了十幾年的工夫。編成了目録學史上著名的千頃堂書目三十二卷。總計收録明人著作一萬四千餘種。附載宋遼金元四代著作二千四百餘種。千頃堂書目主要補録明代著作。是迄今反映明人藝文最全的目録之作。同時并附載宋遼金元四代著述所闕。在每條書目下。還盡可能地記述作者爵里字號科第。有的還略志該書的内容或編撰的情况。

朱彝尊 字錫鬯。號竹垞。浙江秀水（今浙江嘉興市）人。清代詩人詞人學者藏書家。康熙十八年（公元一六七九年）舉科博學鴻詞。以布衣授翰林院檢討。入值南書房。曾參加纂修明史。出典過江南省試。後因疾未及畢其事而罷歸。其學識淵博。通經史。能詩詞古文。詞推崇姜夔。爲浙西詞派的創始者。詩與王士禛齊名。時稱南朱北王。著述甚豐。有經義考日下舊聞曝書亭集等。編有詞綜明詩綜等。

選 被選拔出的人才。禮記禮運。禹湯文武成王周公由此其選也。漢班固白虎通聖人。五人曰茂。十人曰選。百人曰俊。千人曰英。倍英曰賢。萬人曰傑。萬傑曰聖。

夫四庫提要意在考訂异同。別白得失。故駁辨之文爲多。假先生當時以泛覽爲精研第舉而綜貫之。紬繹其餘緒。冥合乎會歸。成一家言。庸不爲學者盛業。而不可易言也。

假 假如。漢劉向新序雜事四。田子方雖賢人。然而非有土之君也。君常與之齊禮。假有賢於子方者。君又何以加之。

紬繹 引出端緒。引申爲闡述。晋葛洪抱樸子尚博篇。其所祖宗也高。其所紬繹也妙。

餘緒 留傳給後世的部分。北齊顔之推顔氏家訓勉學。或因家世餘緒。得一階半級。便自爲足。全忘修學。

會歸 書洪范。會其有極。歸其有極。極。準則。謂君王聚合諸侯臣民。諸侯臣民歸順君王。均有其準則。後遂截會歸二字。以指共同依歸的準則。北史周本紀下。高祖武帝三年六月下詔曰。遂使三墨八儒。朱紫交競。九流七略。异說相騰。道隱小成。其來舊矣。不有會歸。爭驅靡息。

劉向校經傳諸子詩賦。步兵校尉任宏校兵書。太史令尹咸校數術。侍醫李柱國校方書。人效其長。向總其職。歆嗣爲之也。七略乃集其大成焉。今三閣篇籍粲粲明備。視向所校淆亂缺脫者迥殊。而家學未竟之業。要不能不以歆之承向者致望於孟慈也。

人效其長向總其職 漢書藝文志卷三十。至成帝時。以書頗散亡。使謁者陳農求遺書於天下。詔光祿大夫劉向校經傳諸子詩賦。步兵校尉任宏校兵書。太史令尹咸校數術。侍醫李柱國校方技。

向所校淆亂缺脫者 指劉向所校典籍淆亂缺脫的地方甚多。漢書藝文志及別錄輯本略可見之。藝文志六藝略。劉向以中古文易經校施。孟。梁丘經。或脫去無咎。悔亡。唯費氏經與古文同。劉向以中古文校歐陽大小夏侯三家經文。酒誥脫簡一。召誥脫簡二。率簡二十五字者。脫亦二十五字。簡二十二字者。脫亦二十二字。文字异者七百有餘。脫字數十。似此類者甚多。不備述。

金山文宗閣賦

張慰塋

張慰塋　清詩人。生平傳記不詳。

有閣焉。屹立山巔。下臨水滸。奎斗星垣。嫏嬛册府。

滸　水邊。詩王風葛藟。綿綿葛藟在河之滸。毛傳水厓曰滸。

奎　當作魁。此謂鎮江之星野。按二十八宿屬斗宿。古亦稱魁。漢書地理志。吳地斗分野也。今之會稽九江丹陽豫章廬江廣陵六安臨淮郡盡吳分也。又宋史天文志。又謂南星者。魁星也。石申曰。魁第一主吳。二會稽三丹陽四豫章五廬江六九江。奎當作魁。

嫏嬛　亦作琅嬛。古人筆下神仙的藏書聖地。這裡指文宗閣内藏書豐富。琅嬛記。張茂先博學强記。嘗爲建安從事。游於洞宮。每室各有奇書。華歷觀諸室書。皆漢以前事。多所未聞者。如三墳九丘檮杌春秋亦皆在焉。華問地名。對曰。琅嬛福地也。華後著博物志多琅嬛中所得。帝使削去。可惜也。

嶙㠥百尋。琳琅萬部。頡頏天禄石渠。焜燿華林元圃。

嶙㠥　嶙。指層層重叠不平。説文新附。嶙。嶙峋。深崖貌。㠥。同嵓。廣韵。嵓。嵓峞山狀。又杜甫冬狩行。幕前生致九青兕。馲駝𡾰峞垂玄熊。仇兆鰲引朱注。𡾰峞。高貌。

尋　古代長度單位。一般爲八尺。亦有六尺七尺之説。

頡頏　謂不相上下。相抗衡。天禄石渠皆爲漢代朝廷藏書之所。三輔故事。天禄石渠閣。并在未央大殿北。以藏秘書。

焜燿　明照。照耀。左傳昭公三年。不腆之適。以備内宫。焜燿寡人之望。陸德明經典釋文引服虔曰。焜。明也。燿。明也。唐柳宗元爲李京兆祭楊凝文。冀茲競爽。焜燿儒林。

華林　宫苑名。東漢時本名芳林園。正始中避齊王曹芳諱改爲華林園。位於洛陽城内東北隅。北魏孝文帝嘗重建。此外後趙在鄴都。孫吳在建業也建有華林園。皆爲君臣宴集之所。

元圃　元當作玄。避清康熙諱改。玄圃爲傳説中昆侖山頂的神仙居處。又稱懸圃。文選張衡東京賦。左瞰暘谷。右睨玄圃。李善注。淮南子曰。懸圃在昆侖閶闔之中。北魏酈道元水經注河水。一。昆侖之山三級。下曰樊桐。一名板松。二曰玄圃。一名閬風。三曰層城。一名天庭。是爲太帝之居。這裡指文宗閣既是皇家藏書之所。又爲游樂之地。

浮玉一登。峥嵘萬古。天風吹衣。江濤灑户。

浮玉　謂金山。蘇軾常潤道中有懷錢塘寄述古五首之三。浮玉山頭日日風。自注。即金山也。

素簡靈威。赤文神禹。縱横排玉檢金泥。髣髴臨瑶京璚宇。

素簡靈威　典出太平御覽卷四十六引吴地記曰。包山在縣西一百三十里。中有洞庭。深遠。世莫能測。吴王使靈威丈人入洞穴。十七日不能盡。因得玉葉。上刻靈寶經二卷。使示孔子。云禹之書也。

赤文神禹　傳説古時衡山主峰岣嶁山有大禹留下的籀書碑文。韓愈岣嶁山。岣嶁山尖神禹碑。字青石赤形模奇。科斗拳身薤倒披。鸞飄鳳泊拿虎螭。劉禹錫寄吕衡州温亦稱其事。盛洪之荆州記曰。南岳周回數百里。昔禹登而祭之。因夢玄夷使者。遂獲金簡玉字之書。徐靈期南岳記曰。夏禹導水通瀆。刻石書名山之高。這裡喻指文宗閣藏有上古遺留的罕見書籍。是一種誇張的描述。

玉檢金泥　古書以竹木簡爲之。書成。穿以皮條或絲繩。於繩結處封泥。在泥上鈐印。謂之檢。急就篇卷三。簡札檢署槧牘家。顔師古注。檢之言禁也。削木施於物上。所以禁閉之。使不得輒開露也。金玉分指泥色黄。簡色白。此句名爲誇稱文宗閣中有縱横成排的簡編。實際上是用簡編來代替藏書。稱贊文宗閣藏書豐富且排列井井有條。

髣髴　即仿佛。好像。文選張衡西京賦。曾髣髴其若夢。未一隅之能睹。李善注。説文曰。彷彿。相似。見不諦也。

瑶京璚宇　璚同瓊。瑶瓊皆爲美玉。瑶京瓊宇。皆指神仙居住的地方。宋史樂志中太一宫奉安神像。金輿玉像下瑶京。彩仗擁霓旌。宋林景熙洞霄宫詩。飄然乘泠風。一瓣謁瓊宇。

總總兮噴芬馥於碧蠹紅蟫。硠硠兮狀波瀾於鱟颿鼉鼓。

總總　衆多貌。楚辭九歌大司命。紛總總兮九州。王逸注。總總。衆貌。

蟫　即蠹蟲。是一種侵蝕衣服書籍的蟲。

硠硠　石頭相互撞擊聲。唐柳宗元晋問。羅列而伐者。聲振連巒。梯填層溪。丁丁登登。硠硠棱棱。若兵車之乘凌。

鱟颿　颿即帆。這裡借指帆船。隋書煬帝紀下。高颿電逝。巨艦雲飛。鱟魚名。宋陸佃埤雅卷二（鱟）殼上有物如角。常偃。高七八寸。每遇風至即舉。扇風而行。俗呼鱟帆。舊云。視鴟創柂。觀鱟制帆是也。因此鱟颿即帆船。

鼉鼓　鼉即揚子鰐。也稱鼉龍。猪婆龍。鼉鼓即用鼉皮蒙的鼓。聲亦如

鼉鳴。詩大雅靈臺。鼉鼓逢逢。

緬維高宗純皇帝之南巡也。蘭省繕册。瑶華載書。充棟七録。漢牛五車。珥筆之臣。環侍獻賦之士。樂胥。山靈肅肅兮迓龍馭。海若紛紛兮敂鸞輿。

蘭省 指蘭臺省。掌讎校典籍之事。唐代秘書省亦稱蘭臺省。一般設有監一人。從三品。少監二人。從四品上。丞一人。從五品上。監掌經籍圖書之事。領著作局。少監爲之貳。

瑶華 車名。拾遺記周成王四年。旃塗國獻鳳雛。載以瑶華之車。飾以五色之玉。駕以赤象。這裡指乾隆時各地官府和藏書家紛紛向四庫館進獻圖書之事。

珥筆 古代史官諫官上朝。常插筆冠側。以便記録。謂之珥筆。文選曹植求通親親表。安宅京室。執鞭珥筆。出從華蓋。入侍輦轂。李善注。珥筆。戴筆也。

樂胥 皆樂。詩經小雅桑扈。君子樂胥。受天之祜。毛傳。胥。皆也。

山靈 傳説中的山神。文選班固東都賦。山靈護野。屬御方神。李善注。山靈。山神也。迓。迎。龍馭。龍車。

海若 傳説中的海神。楚辭遠游。使湘靈鼓瑟兮。令海若舞馮夷。王逸注。海若。海神名也。洪興祖補注。海若。莊子所稱北海若也。

敂 扣。叩的古字。這裡指叩問拜謁。

鸞輿 天子的乘輿。亦借指天子。漢董仲舒春秋繁露三代改制質文。鸞輿尊蓋。法天列象。垂四鸞。

蓋金山高峙乎大江之際。扼天塹爲鎖鑰。帶海門爲襟裾。固秉兩間秀偉之氣。足以留宸賞而奉皇居。

塹 壕溝。天塹通指長江。

海門 即海口。内河通海之處。唐韋應物賦得暮雨送李胄。海門深不見。浦樹遠含滋。謂鎮江扼長江的要害之地。連通入海口。

兩間 謂天地之間。

宸 北極星的星位。即紫微垣。這裡代指皇帝。

建閣巍峩。藏書有所。錦蹬綉縚。瑶階玉礎。上羅四庫之倉儲。下括百家之囊貯。

躞 書畫卷軸的軸心。

縚 即縧。絲繩絲帶。

瑶階 指玉砌的臺階。亦用爲石階的美稱。晋王嘉拾遺記炎帝神農。築圓丘以祀朝日。飾瑶階以揖夜光。唐杜牧秋夕詩。瑶階夜色凉如水。坐看牽牛織女星。

礎 柱下石礅。淮南子説林訓。山雲蒸。柱礎潤。高誘注。礎。柱下石礩也。

其有堂有紀也固已恢拓石室之遺編。蔑視西山之雜俎。其非殿非廬也。固已薈萃東壁之精英。超越西園之階序。

有堂有紀 典出詩經秦風終南。有紀有堂。毛傳。紀。基也。堂。畢道平如堂也。朱熹集傳。紀。基也。堂亦基也。指建築物的底部。

石室 水經注卷二。河北有層山。山甚靈秀。山峰之上立石數百丈。亭亭桀竪。競勢争高。遠望嵺嵺。若攢圖之托霄上。其下層岩峭舉。壁岸無階。懸岩之中多石室焉。室中若有積卷矣。而世士罕有津逮者。因謂之積書岩。岩堂之内。每時見神人往還矣。

西山 此指小酉山。小酉山在今湖南省沅陵縣境西北。太平御覽卷四九引南朝宋盛弘荆州記。小酉山上石穴中有書千卷。相傳秦人於此而學。因留之。

雜俎 雜録。意謂如菜雜陳於俎。故稱。

東壁 晋書天文志上。東壁二星主文章。天下圖書之秘府也。因以稱皇宫藏書之所。

西園之階序 在河南省臨漳縣鄴縣舊治北。傳爲曹操所建。曹丕嘗請當時名士於此宴飲賦詩。曹丕曹植王粲皆有作。曹植公宴詩。公子敬愛客。終宴不知疲。清夜游西園。飛蓋相追隨。後世詩文多用此典。唐張説恩制賜食於麗正殿書院宴賦得林字詩。東壁圖書府。西園翰墨林。序。堂的東西墻。此謂文宗閣既聚佳書。又多才士。

其傑出凌霄也。固已跨金鰲之背巔。突兀乎中流砥柱之嶼。其輝煌麗日也。固已冠玉帶之山門。憑臨乎一覽江天之處。

傑出 高聳。北魏酈道元水經注河水四。河中竦石傑出。勢連襄陸。

金鰲 即金鰲峰。金山别名。

突兀 高聳貌。

中流砥柱 這裡仍指金山。

輝煌 光輝燦爛。淮南子本經訓。焜昱錯眩。照耀煇煌。高誘注。照耀煇煌。焜光澤色貌。

玉帶之山門　謂金山寺山門。集注分類蘇東坡先生詩卷四以玉帶施元長老元以衲裙相報次韻注。公赴杭過潤爲留數日。一日值。（佛印）師挂牌與弟子入室。公便服入方丈見之。師云內翰何來此間無坐處。公戲云暫借和尚四大用作禪床。師曰山僧有一轉語內翰言下即答。當從所請如稍涉擬議則所系玉帶願留以鎮山門。已而東坡不能對。遂留帶於金山故此謂金山寺山門爲玉帶山門。

憑臨　據高俯瞰。

一覽江天之處　即金山之留雲亭。此謂文宗閣建在金山之上。高出於金山留雲亭。高聳凌霄輝煌映日。

爰錫號以寵光。曰文宗而喬皇。

爰　於是就。書無逸。作其即位爰知小人之依能保惠於庶民。孔傳。於是知小人之所依。

寵光　恩寵光耀。左傳昭公十二年夏宋華定來聘。通嗣君也。享之爲賦蓼蕭弗知又不答賦。昭子曰必亡宴語之不懷寵光之不宣令德之不知同福之不受將何以在。

喬皇　美好的樣子。揚雄太玄交。物登明堂。喬喬皇皇。司馬光集注引陸績曰。喬皇休美貌。

則將探六經之窔奧。跨諸史之擅場。罄群言之瀝液。息百氏之蜩螗。

窔奧　又作突奧。窔爲室中東南隅。奧爲西南隅。引申爲幽深處。此處喻指深邃高深的義理。唐杜甫秦州見敕目薛璩畢曜遷官詩文章開窔奧遷擢潤朝廷。仇兆鰲注。窔奧深邃之意。

擅場　通常指技藝超群這裡指精妙之處。

瀝液　水滴。文選陸機文賦傾群言之瀝液漱六藝之芳潤。李周翰注。瀝液涓滴也。

百氏　百家。

蜩螗　蟬的別名。比喻喧鬧紛擾不寧。清趙翼耳聾詩世務紛蜩螗聆之本何益。此四句謂讀文宗閣之書可以研習儒家經典之奧秘史書之精萃窮盡細微知識平息各種爭議。

或窺其秘而導源竟委。浩浩落落。領洪流之汪洋。或鳴其盛而休明鼓吹。煌煌奕奕。鏗大呂之笙簧。

導源竟委　源源頭。委水流所聚之處下游。禮記學記三王之祭川也。皆先河而後海或源也或委也此之謂務本此語比喻深入探求事物

的始末。

浩浩落落 浩浩。水盛大的樣子。落落。連續不斷的樣子。

汪洋 寬廣無際水勢浩大的樣子此語謂有的人通過研習四庫全書可以探尋事物或學術的源流從而可以掌握規律從繁雜的事物中理出頭緒。

鳴其盛 謂歌頌盛世。韓愈送孟東野序。抑不知天將和其聲。而使鳴國家之盛邪。

休明 美好清明。這裡指明君或盛世。文選謝脁始出尚書省詩。惟昔逢休明。十載朝雲陛。

鼓吹 宣揚宣傳唐杜甫進雕賦表。則臣之述作。雖不足以鼓吹六經。至於沈鬱頓挫。隨時敏捷。而揚雄枚皋之流。庶可跂及也。

煌煌奕奕 明亮輝耀貌。詩陳風東門之楊。昏以爲期。明星煌煌。朱熹集傳。煌煌大明貌。奕奕。光明的樣子。南朝宋謝惠連秋懷詩。皎皎天月明。奕奕河宿爛。

鏗 象聲詞形容金石玉木等所發出的洪亮聲。

大呂 古代樂律名古樂分十二律。陰陽各六六陰皆稱呂。其四爲大呂。

笙簧 笙爲樂器簧爲笙的簧片。此語謂有的人讀四庫全書可以從中獲得高妙的文學寫作能力寫出好的作品以謳歌太平盛世。

可以澡雪萬古之耳目。洗練百代之肺腸。沐浴日月之光彩。輝爛雲錦之文章。

澡雪 洗手。雪。擦拭。洗滌。澡雪即洗滌。文選馬融長笛賦。溉盥污穢。澡雪垢滓矣。

洗練 清洗磨練。澡雪耳目。比喻開闊人的見識。洗練肺腸。比喻陶冶人的情性。宋書顧愷之傳。澡雪靈府。洗練神宅。據道爲心。依德爲慮。

輝爛 光輝燦爛。

雲錦 織有雲紋圖案的絲織品。漢武帝內傳。張雲錦之幃。燃九光之燈。此語比喻文章漂亮。

蓋爭峙乎文瀾文匯之名。分勝乎文淵文源文溯文津之號。而精萃爲名山石室之珍藏。矧夫閣之中。則瑤版玉笈。森然其千箱萬軸也。閣之外。則銀濤雪浪。駭然其動心爽目也。

矧 況且。何況。

笈 袋子。左傳成公十六年。乃內旌於笈中。

森然 衆多的樣子。南齊書陳顯達傳。忠黨有心。節義難遣。信次之間。森然十萬。

軸 指成卷軸狀的書畫。意謂文宗閣內典藏豐富。

閣之左則穹碑贔屭。巍巍然峰巔之浩伏也。閣之右則浮圖金碧。亭亭然雲際之高矗也。

穹碑 高大的圓頂石碑。

贔屭 高大壯猛之貌。又代指石碑。紅樓夢第七十六回。贔屓朝光透。罘罳曉露屯。

浮圖 同浮屠。佛教語。梵語Buddha的音譯。此處指佛塔。北魏酈道元水經注河水一。阿育王起浮屠於佛泥洹處。雙樹及塔今無復有也。

金碧 金黄和碧緑的顔色。

亭亭 高聳貌。文選張衡西京賦。幹雲霧而上達。狀亭亭以苕苕。薛綜注。亭亭。苕苕。高貌也。本句指文宗閣周圍景觀奇絶。雖求仙之士亦欲往。

爾其崖岸似積書之岩。洞穴似藏書之屋。文峰則峭壁孤岑。文濤則狂瀾飛瀑。騰光則萬丈窗櫺秘

篋則九天簡牘。

積書之岩 參前石室注。

岑 小而高的山。爾雅釋山。山小而高曰岑。

篋 小箱子。左傳昭公十三年。衛人使屠伯饋叔向羹與一篋錦。

九天 漢揚雄太玄數。九天。一爲中天。二爲羨天。三爲從天。四爲更天。五爲睟天六爲廓天。七爲減天。八爲沈天。九爲成天。又呂氏春秋有始謂天有九野。中央曰鈞天。東方曰蒼天。東北曰變天。北方曰玄天。西北曰幽天。西方曰顥天。西南曰朱天。南方曰炎天。東南曰陽天。這裡泛指天上各處。誇張地形容文宗閣藏有天上的奇書。

斯尤冠瀛洲。躡方壺之士。所願登千仞階梯。披書而一讀也。

瀛洲。方壺 皆仙山名。列子湯問。渤海之東。不知幾億萬里。其中有五山焉。一曰岱輿。二曰員嶠。三曰方壺。四曰瀛洲。五曰蓬萊。所居之人皆仙聖之種。

躡 追隨。超越。

披 翻閱。漢班固東都賦。握乾符。闡坤珍。披皇圖。稽帝文。

彼夫芸閣則芬芳滿貯。延閣則載籍群窺。赤城閣奇觀夢想。蓬萊閣勝境情移。倘騁奇而搜秘。亦心醉而神疲。

芸閣　古代閣名。爾雅翼卷三。古者秘閣藏書。置芸以辟蠹。故號爲芸閣。

延閣　古代閣名。藝文類聚卷十二引劉歆七略。孝武皇帝敕丞相公孫弘廣開獻書之路。百年之間。書積如丘山。故外則有太常太史博士之藏。内則有延閣廣内秘室之府。

赤城閣　古代閣名。方輿勝覽云。碧落觀即長生觀。在青城山北二十里。昔有范寂字無爲。劉先主時栖止青城山中。以修煉爲事。先主徵之不起。就封爲逍遥公。得長生久視之道。劉禪易其宅爲長生觀。觀有古楠高數十尋。圍三十尺。世傳長生手植。有赤城閣。臨眺甚遠。

蓬萊閣　古代閣名。此閣位於山東省蓬萊縣北丹崖山上。宋嘉佑年間建閣。明萬曆年間增建了呂祖殿三清殿等建築。自古爲文人學士雅集之地。

曷若斯崇山之脊。長江之湄。其遐矚則濤頭洄洑。其俯瞰則石骨崔嵬。

湄　岸邊。水草相接的地方。詩秦風蒹葭所謂伊人在水之湄。孔穎達疏。謂水草交際之處。水之岸也。此指金山的水岸。

遐矚　遠眺。遠望。唐趙冬曦奉和張燕公早霽南樓。方曙躋南樓。憑軒肆遐矚。明袁宗道大别山記。晴川閣踞其首。方亭踞其背。遐矚遠瞻。閣不如亭。

洄洑　湍急回旋的水流。宋蘇轍亡兄子瞻端明墓志銘。浙江潮自海門東來。勢如雷霆。而浮山峙於江中。與漁浦諸山犬牙相錯。洄洑激射。歲敗公私船不可勝計。

崔嵬　高聳的樣子。經典釋文謂又作嵯峨。

如登乎昆侖群玉之府兮。收典籍之無遺。如發乎龍門金匱之藏兮。獻圖瑞之紛披。

群玉之府　穆天子傳卷二。癸巳。至於群玉之山。容成氏之所守。曰群玉田山□知。阿平無險。四徹中繩。先王之所謂策府。郭璞注。言往古帝王以藏書策之府。

龍門　宋史藝文志。宋初。有書萬餘卷。其後削平諸國。收其圖籍。及下詔遣使購求散亡。三館之書稍復增益。太宗始於左升龍門北建崇文院。而徙三館之書以實之。又蜀中廣記卷十八載安居縣有龍門山兩

峰壁立如門。漢隱士蘇汝礪藏書三萬卷於此。此初學記所載二事皆似此。所謂龍門。未知孰是。

金匱 又作金櫃。是一種銅制的櫃。古時用來收藏文獻或文物。漢賈誼新書胎教。胎教之道。書之玉版。藏之金櫃。置之宗廟。以爲後世戒。

圖瑞 圖。指河圖。論語子罕。鳳鳥不至。河不出圖。吾已矣夫。何晏集解。孔安國曰。有聖人受命。則鳳鳥至。河出圖。瑞。泛指各種祥瑞徵兆。

紛披 盛多的樣子。宋書謝靈運傳論。六義所因。四始攸系。升降謳謠。紛披風什。此謂文宗閣藏書可比群玉之府。搜羅典籍而無遺漏。又可比上古的金匱藏書。有衆多記録祥瑞的圖讖。

如彙乎唐時之五萬六千帙兮。既金題而玉池。

如羅乎隋時之三十七萬卷兮。復贉錦而函芝。

五萬六千帙三十七萬卷 據新唐書藝文志。隋朝有殿書三十七萬卷。中間頗有重復。唐朝藏書以開元間爲最盛。有五萬三千九百一十五卷。而唐代學者自爲之書又有二萬八千四百六十九卷。中經安史之亂。尺簡不藏。又舊唐書藝文志（唐）文宗時詔令秘閣搜訪遺文。日令添寫。開成初。四部書至五萬六千四百七十六卷。此言唐時藏書。指文宗時數目言之。

金題 泥金書寫的題簽。

玉池 裱褙用語。指書畫卷首貼綾的地方。

贉 指書册或書畫條幅卷首貼綾之處。

函 書函。

芝 芝泥。指古人緘封書札物件用的封泥。上蓋印章。這裡指文宗閣藏書不僅在數量上可與隋唐時官府所藏相比。而且書的裝裱更精美。

極大觀而無憾。而非夫津逮之室宛委之陲所

得方斯浩瀚。好古乃望洋而嘆之。

津逮之室 參見上注積書之岩。

宛委 相傳黄帝藏書的地方。吴越春秋卷六。（禹）乃案黄帝中經歷。蓋聖人所記。曰在於九山東南天柱。號曰宛委。赤帝左闕。其岩之巔。承以文玉。覆以磐石。其書金簡。青玉爲字。編以白銀。皆瑑其文。

方 比。

斯 此。此謂古人從石室。宛委中所得的書。同文宗閣藏書相比顯得太少。好古之士當爲之望洋興嘆。

溯岷峨之導江兮。走萬里而無垠。猶夫文德之

沾濡乎華夏瞻北顧之嵯峨兮榜第一而壯觀猶夫文教之遴選乎風雅。

岷峨 岷山與峨嵋山的并稱。

沾濡 浸濕這裡指恩澤普及此謂文宗閣下臨長江可以直通川黔而無礙代表清朝的文教潤澤華夏。

北顧 山名即北固山。南朝梁武帝登北顧樓詩南城連地險北顧臨水側。

嵯峨 山高大險峻的樣子。楚辭淮南小山招隱士山氣巃嵸兮石嵯峨溪谷嶄岩兮水曾波。王逸注嵯峨巀嶭峻蔽日也。

榜第一 指北固山有天下第一江山之譽南宋吴琚題字。又全宋詞卷三八三趙孟堅有沁園春過天下第一江山呈何守詞。風指國風雅指小雅大雅都是詩經的組成部分。此謂文宗閣與號稱天下第一江山的北固山相對。譬如孔子從詩三千中删選出詩經。

前合漢而後通淮兮渺洪荒而無涯。猶夫文思之周浹乎擊壤之編氓鼓篋之儒者。

漢 指漢水長江最長的支流在武漢匯入長江。

淮 指淮河。淮河自洪澤湖以下主流出三河經高郵湖由江都縣三江營入長江。故稱文宗閣前合漢而後通淮。

渺 曠遠。

洪荒 混沌蒙昧的狀態。

周浹 普遍深入。荀子君道古者先王審禮以方皇周浹於天下動無不當也。

擊壤 本指一種游戲。藝文類聚卷十一引晋皇甫謐帝王世紀（帝堯之世）天下大和百姓無事有五十老人擊壤於道。後因以擊壤爲頌太平盛世的典故。

編氓 編入户籍的平民。

鼓篋 謂擊鼓開篋古時入學的一種儀式。禮記學記入學鼓篋。孫其業也。鄭玄注鼓篋擊鼓警衆乃發篋出所治經業也。此謂文宗前通漢水。下通淮河浩渺茫遠。正如清代文教既惠及儒者。又達於其他百姓。

近睇夫朝烟夕靄。則有石簰之岞崿兮翻波濤而勢瀉。遐觀夫燈火樓臺。則有鐵瓮之城廓兮入畫圖而景寫。

睇 斜視。流盼。

靄 雲氣。烟霧。

石簰 指石簰山。簰一作排。一作牌。在金山西邊江中。明王叔承游金焦兩山記。可二時許。見月出江上。輒徒酌寺門。面石簰山地飲。山即郭璞墓。

岝崿 山勢高峻的樣子。三國魏嵇康琴賦。互嶺巉岩。岝崿嶇崯。

鐵瓮之城 鎮江北固山前的一座古城。爲三國時孫權所築。唐杜牧潤州詩之二。城高鐵瓮橫强弩。柳暗朱樓多夢雲。原注。潤州城。孫權築。號爲鐵瓮。

景寫 即影寫。描繪。摹畫。

凡此寶刹之蒼涼。神宫之丹赭。魚龍鮫鱷之騰空。沙鳥風帆之遍野。相與千態萬狀。絡繹奔赴於凌霄之閣下。

神宫 神廟。神殿。又可指皇宫。

丹赭 赤赭色的土。可作塗料。這裡指金山寺或行宫被刷成赭紅色。

鱷 同鰐。

沙鳥 沙灘或沙洲上的水鳥。

相與 一道。一起。又意爲互相。

凌霄之閣 高凌於天的閣。這裡指文宗閣。

方今聖天子繩其祖武。瑞應昌期。考古闡史經之秘。效靈彰泰岱之奇。

繩 繼承。

武 脚印。詩經下武。昭茲來許。繩其祖武。毛傳。繩。戒。武。迹也。鄭箋。武王能明此勤行。進於善道。戒慎其祖考所踐履之迹。美其終成之來。

昌期 興隆昌盛的時期。從本段所述考古。聚書。撰詩文。巡幸諸事來看。所謂方今聖天子似是指乾隆帝。語謂乾隆帝繼承康熙的勛績。并有各種祥瑞的徵兆。表明國運方隆。

效靈 顯靈。南朝宋顔延之三月三日曲水詩序。昬緯昭應。山瀆效靈。

泰岱 即泰山。古人認爲泰山居東方。爲萬物代謝之始。歷朝帝王封禪皆於此。白虎通。王者功成封禪。必於泰山者何。萬物之始。交代之處也。

聚蓬觀蘭臺之秀兮。宏文化之無私。珍芸編瓠史之藏兮。邁文治於軒羲。

蓬觀 即蓬萊觀。後漢書竇章傳。是時學者稱東觀爲老氏臧室。道家蓬萊山。後因以指秘閣。

蘭臺 漢代宮内收藏典籍之處。漢書百官公卿表上。御史大夫有兩丞。秩千石。一曰中丞。在殿中蘭臺。掌圖籍秘書。後泛指宮廷藏書處。

芸編 指書籍。芸香草置書頁内可以辟蠹。故稱。

瓠史 宋曾慥類説卷五十八。梁有僧南渡。賁一葫蘆。有漢書班固真本。宣城守蕭琛得之。謂之瓠史。

邁 超過。

軒羲 軒轅。伏羲。軒轅即黃帝。

焕日星河岳之奎章兮。負巨鰲以盤螭。望龍旂之巡幸兮。山川前路以指麾。

奎章 帝王的詩文。

鰲 傳説海中能負山的大鱉或大龜。

螭 古代傳説中無角的龍。

龍旂 畫有兩龍蟠結的旗幟。天子儀仗之一。周禮考工記輈人。龍旂九斿以象大火也。

將登斯傑閣而欣夫文運之彪炳於我朝兮。海内之衆。有不飲和食德者誰。

彪炳 文彩焕發貌。西京雜記卷六。文章璀璨。彪炳涣汗。

飲和 謂使人感覺到自在享受和樂。語本莊子則陽。故或不言而飲人以和。郭象注。人各自得。斯飲和矣。豈待言哉。

食德 謂享受先人的德澤。語本易訟六三。食舊德。

擬修復鎮江文宗閣鈔藏賜書記

李丙榮

李丙榮 字樹人。清丹徒人。附貢生。官安徽候補縣丞。署按察司照磨兼司獄。幼承家學。有文名。著述頗豐。

粤稽酉岩萃秀。藏軒皇逸典之珍。乙杖騰輝。燭漢帝石渠之字。

粤 句首語氣助詞。表示審慎的語氣。史記周本紀。我南望三塗。北望岳鄙。顧詹有河。粤詹雒伊。毋遠天室。張守節正義。粤者。審慎之辭也。

稽 考。尚書堯典曰若稽古帝堯。僞孔傳若順稽考也。

酉岩 參金山文宗閣賦酉山注。

軒皇 即黄帝軒轅氏。漢張衡同聲歌衆夫所希見天老教軒皇。

乙杖 即所謂太乙燃藜。張澍三輔故事天禄石渠閣注。又按漢宫闕疏天禄閣蕭何造以藏秘書處賢才也。劉向於成帝之末校書天禄閣。專精覃思夜有老人著黄衣植青藜杖叩閣而進見向暗中獨坐誦書。老父乃歛杖端烟燃因以見向請問姓名云我是太乙之精天帝聞卯金之子有博學者下而觀焉。按老人所照乃天禄閣書非石渠閣。而此文作照漢帝石渠之字者。蓋以石渠泛指皇家藏書之所也。

燭 照。

以及創三品於隨氏。玉蹬連雲。定四部於開元。牙籤壓架。然皆搜求匪易。散佚不常。

隨 即隋。隋書經籍志煬帝即位秘閣之書限寫五十副本分爲三品。上品紅琉璃軸中品紺琉璃軸下品漆軸。

蹬 即軸。參見金山文宗閣賦。錦蹬綉縧注。

四部 指古籍的經史子集四大類。舊唐書經籍志稱開元三年。(公元七一五年)玄宗命褚無量馬懷素等整比内庫書籍。至七年(公元七一九年)詔公卿士庶之家所有异書。官借繕寫。及四部書成上令百官入乾元殿東廊觀之無不駭其廣九年(公元七二一年)十一月。殷踐猷王愜韋述余欽毋煚劉彦真王灣劉仲等重修成群書四部録二百卷。右散騎常侍元行衝奏上之。又曰四部者。甲乙丙丁之次也。甲部爲經。乙部爲子。丙部爲史。丁部爲集。

底柱舟沈。無异祖龍之烈焰。安厘冢鑿。厪勞司馬之才人。縱有流傳。焉能津逮。

底柱 山名。在三門峽黄河急流中。其形如柱。故名。現已炸毁。底也寫作砥。隋書經籍志大唐武德五年(公元六二二年)克平僞鄭。盡收其圖書及古迹焉。命司農少卿宋遵貴載之以船。溯河西上將致京師。行經底柱。多被漂没。其所存者十不一二。

祖龍 指秦始皇。史記秦始皇本紀(三十六年)秋。使者從關東夜過華陰平舒道。有人持璧遮使者曰爲吾遺滈池君。因言曰今年祖龍死。裴駰集解引蘇林曰祖始也。龍人君象。謂始皇也。烈焰謂秦始皇焚書之事。

安厘 即魏安厘王。晋書卷五一束皙傳太康二年。(公元二八一年)汲郡人不準盗發魏襄王墓或言安厘王冢。得竹書數十車包括竹書紀年。穆天子傳等簡書七十餘篇。

厪 通僅。祇不過。

津逮 參金山文宗閣賦積書之岩注。

是必際同文之世。展法祖之忱。始得華飛沈露。

鏘風吹於琅緘。奥衍叢雲。秘龍威於璚笈也。

同文之世 指統一之世。中庸今天下車同軌書同文。行同倫。朱熹章句。三者皆同。言天下一統也。

法祖 即效法祖宗先輩。尚書立政。嗚呼。孺子王矣。僞孔傳。嘆稚子今以爲王矣。不可不勤法祖考之德。

忱 真誠。

琅 似玉的美石。

緘 捆東西的繩索。這裡喻指書函。

叢雲 傳説虞舜所作卿雲歌。尚書大傳卷一下。俊乂百工相和而歌卿雲。帝乃倡之曰。卿雲爛兮。糺縵縵兮。日月光華。旦復旦兮。八伯咸進稽首曰。明明上天。爛然星陳。日月光華。弘於一人。帝乃載歌。旋持衡曰。日月有常。星辰有行。四時從經。萬姓允誠。於予論樂。配天之靈。遷於賢聖。莫不咸聽。鼚乎鼓之。軒乎舞之。菁華已竭。褰裳去之。於時八風循通。卿雲藂藂。藂同叢。唐李善上文選注表。媧簧之後。掞叢雲之奥詞。

璚 即瓊。美玉。瓊笈。玉飾的書箱。

㴑自我高宗純皇帝。乾符啓雒。泰策呈嵩。

㴑 古溯字。説文。㴑。逆流而上曰㴑洄。㴑。向也。水欲下違之而上也。高宗純皇帝。即清乾隆皇帝。愛新覺羅弘曆。

乾符 帝王受命於天的徵兆。晋書慕容儁載記。寡君今已握乾符。類上帝。四海懸諸掌。大業集於身。雒通洛。乾符啓雒。指洛書。參金山文宗閣賦圖瑞注。

泰策 風俗通卷二。俗説岱宗上有金篋玉策。能知人年壽修短。岱宗即泰山。

嵩 即嵩山。詩大雅崧高。崧高惟嶽。峻極於天。惟嶽降神。生甫及申。崧同嵩。後人用嵩生作爲祝壽詞。此謂乾隆帝享壽長久。

炯睿照於丁函。稟聖聰於丙夜。交章同穎。鴻裁

提萬代之文衡。記事編年。狐史正百王之道統。

丁函 丁部圖書。即集部。參汪容甫先生精法樓校書記荀勗注。

丙夜 三更時候。爲晚上十一時至翌日凌晨一時。聖聰睿照。指乾隆帝耳聰目明。大意謂乾隆讀書遍及四部。理事至於深夜。

章 奏章。

穎　聰穎。

鴻裁　即鴻文巨著。南朝梁劉勰文心雕龍詮賦。故知殷人緝頌。楚人理賦。斯并鴻裁之寰域雅文之樞轄也。

文衡　舊謂判定文章高下以取士的權力。如以秤衡物。此謂歷代文人的文章奏議。才智都很出衆。而乾隆皇帝撰述鴻文。足以品題高下。爲萬載定論。

狐史　指像董狐那樣的直臣撰寫的史書。據左傳宣公二年。晋靈公不君。上卿趙盾諫而不從。反欲刺殺趙盾。趙盾逃走。未出國境而趙穿弑靈公。盾乃還。太史董狐記此事曰趙盾弑其君。趙盾不服。狐曰子爲正卿。亡不越竟。反不討賊。非子而誰。孔子贊之曰。董孤古之良史也。書法不隱。

道統　宋明理學家稱儒家學術思想授受的系統。宋史道學傳三朱熹嘗謂聖賢道統之傳散在方册。聖經之旨不明。而道統之傳始晦。按孔子作春秋。爲後王立法。史書有繼承之功。故云。

奇搜鷄次書集雀梁。猶以爲中秘之富非巷儒里士所盡窺也。内府之藏非曹倉鄴架所得蓄也。

鷄次　楚典名。戰國策卷十四楚策。吴與楚戰於柏舉。蒙穀遂入大宫。負鷄次之典。以浮於江。逃於雲夢之中。昭王反郢。五官失法。百姓昏亂。

蒙穀獻典。五官得法。而百姓大治。

雀梁　傳説周穆王曝書之所。穆天子傳卷五。天子東游。次於雀梁。曝蠹書於羽陵。郭璞注。謂曝書中蠹蟲。因云蠹書也。

曹倉　晋王嘉拾遺記載。曹曾書垂萬余卷。及世亂。家家焚廬。曾慮其先文湮没。乃積石爲倉以藏書。故謂曹氏爲書倉。

鄴架　唐韓愈送諸葛覺往隨州讀書詩。鄴侯家多書。插架三萬軸。鄴侯。即李泌曹倉鄴架均指私人藏書。

用是抽側理之千箱。給偷麋之十斛。傳鈔錦贉。分校珠韜。

側理　謂紙。晋王嘉拾遺記晋時事。側理紙萬番。此南越所獻。後人言陟理與側理相亂。南人以海苔爲紙。其理縱横斜側。因以爲名。

偷麋　偷當作隃。隃麋古縣名。在今陝西千陽東。盛産墨。故後人以隃麋指代墨。通典卷二十二尚書上歷代郎官。（漢）丞郎月賜赤管大筆一雙。隃麋墨一丸。

韜　盛劍或弓的袋子。

傳鈔分校　清代修四庫全書有謄録分校等職。

喜四庫之書。饒值五巡之蹕駐。載入瑶華之乘。儲謙素於南邦。惠加鐵瓮之城。分圖書於東壁。

蹕駐 蹕。帝王出行時禁止行人以清道。周禮天官閽人。大祭祀喪紀之事。設門燎。蹕宮門廟門。駐。帝王出行途中停留暫住。按乾隆十六年（公元一七五一年）二十二年（公元一七五七年）二十七年（公元一七六二年）三十年（公元一七六五年）四十五年（公元一七八〇年）四十九年（公元一七八四年）凡六巡江南。除二十二年之外共五次駐蹕鎮江。故曰五巡。清史稿卷十一清高宗本紀。（十六年二月）乙酉。上幸焦山。卷十二（二十七年二月）庚辰。上奉皇太后渡江。閱京口兵。辛巳。上幸焦山。卷十三（三十年）三月丙子朔。賑湖北漢陽等七州縣上年水災。上幸焦山。卷十四（四十五年二月）戊辰。上幸焦山。（四十九年）三月丙戌朔。祭江神。上渡江。幸金山。丁亥。上幸焦山。

瑶華 參金山文宗閣賦瑶華載書注。

乘 車。

謙素 謙。當作縑。雙絲織的淺黄色細絹。素。白色生絹。古時在縑素上作書繪畫。故即以縑素指書册或書畫。南朝梁虞龢論書表。縑素之工。殆絶於昔。

東壁 參金山文宗閣賦薈萃東壁之精英注。

維茲金山者。武彰氏父。梵記裴陀。天風吹衣。江濤浴月。竹木妙其明滅。烟霞恣其起伏。

氏父 這裡指金山。大清一統志卷六十二金山注。古名氏父山。一曰獲符。元和志。氏父山在縣西北十里。晋破苻堅。獲氏俘置此山下。因名。

裴陀 即裴頭陀。新定九域志卷五金山寺在揚子江中。寺記云。金山舊名浮玉山。唐時有頭陀挂錫於此。因爲頭陀嵓。後斷手以建伽藍。忽一日於江際獲金數鎰。尋以表聞。因賜名金山。

明滅 謂忽明忽暗。唐王維山中與裴迪秀才書。輞水淪漣。與月上下。寒山遠火。明滅林外。

禪林磨衲。蘇和仲留帶之區。樹影鐘聲。張承吉題詩之窟。水漾韡紋之細。文字波瀾。塔峥筆勢之奇。樓臺秀麗。

磨衲 袈裟名。蘇軾集卷九五磨衲贊長老佛印大師了元游京師。天子聞其名。以高麗所貢磨衲賜之。

蘇和仲 即蘇軾。蘇轍東坡先生墓志銘。公諱軾。姓蘇氏。字子瞻。一字和仲。故蘇軾全集卷九二張厚之忠甫字說自稱其客蘇軾子瞻和仲補遺書葛道純詩後自稱汝州團練副使蘇軾和仲。

張承吉 即唐代詩人張祜。字承吉。張祜金山寺樹影中流見。鐘聲兩岸聞。

鞾紋 鞾同靴。靴文。靴皮的花紋。形容細波微浪。蘇軾游金山寺。微風萬頃鞾文細。斷霞半空魚尾赤。

則常命將作之匠。發水衡之錢。爰拓閎基。爰建崇宇。綺窗窅窱。依稀宛委山房。緹帙周遭。睥睨嫏嬛福地。

將作 秦漢以來職掌宗廟陵寢宮室等各種工程的部門。秦稱將作少府。漢景帝中元六年（公元一四四年）改將作大匠。北齊有將作寺。隋開皇二十年（公元六〇〇年）之後改將作監。唐沿之

水衡 古官名。水衡都尉水衡丞的簡稱。漢武帝元鼎二年（公元

一一五年）所置。至隋始廢。掌皇家上林苑。兼管稅收鑄錢。

爰 句首語助無義。

綺窗 雕刻或繪飾得很精美的窗户。文選左思蜀都賦。開高軒以臨山。列綺窗而瞰江。呂向注。綺窗。雕畫若綺也。

窅窱 亦作窅窕。曲折幽深的樣子。

宛委山房 參金山文宗閣賦宛委之陲注。

緹帙 紅布書套。南朝梁王僧孺臨海伏府君集序。金版玉箱。錦文緹帙。

嫏嬛 參金山文宗閣賦嫏嬛注。

經則虎觀之所譚。史則龍門之所著。子則萃莊襟老帶之流。集則匯宋艷班香之類。以逮詩才燕許。賦筆馬楊。金荃樂章。珠林梵唄。

虎觀 即白虎觀。漢代所建。在未央宮中。後漢書章帝紀。（建初四年十一月壬戌）於是下太常。將大夫博士議郎郎官及諸生諸儒會白虎觀。講議五經同异。帝親稱制臨决。如孝宣甘露石渠故事。作白虎議奏。

龍門 司馬遷出生於龍門。故以指司馬遷。北周庾信哀江南賦。信生世等於龍門。辭親同於河洛。倪璠注。遷生龍門。太史公留滯周南。病且卒。而子遷適反。見父子於河洛之間。

莊襟老帶 以莊子爲襟。以老子爲帶比喻思想言談涉及老子莊子。這裡泛指儒家學派以外的學者。

宋艷班香 指宋玉和班固杜牧冬至日寄小侄阿宜詩高摘屈宋艷。濃薰班馬香。分别指屈原宋玉文辭之艷。班固司馬相如文氣之美。

燕許 唐玄宗時名臣燕國公張説許國公蘇頲的并稱兩人皆以文章顯世。時號燕許大手筆。見新唐書卷一二五蘇頲傳。

馬揚 分指司馬相如揚雄。楊通寫作揚。南朝梁劉勰文心雕龍辨騷。枚賈追風以入麗。馬揚沿波而得奇。

金荃 指温庭筠的詞集金荃集。

樂章 指柳永的詞集樂章集。

珠林 指唐釋道世法苑珠林分類編纂佛教故實。

梵唄 佛教作法事時的歌咏贊頌。以上諸語分别指詩賦詞宗教諸種典籍。

三希之寶墨同琛。百氏之縹緗畢聚。楠架香騰。

芸編彩焕。

三希 指乾隆皇帝貯藏王羲之快雪時晴帖王獻之中秋帖王珣伯遠帖三幅書法作品的三希堂三希堂法帖卷一快雪時晴帖後題王

右軍快雪帖爲千古妙迹因合子敬中秋元琳伯遠二帖貯之温室中。顔曰三希堂。以志希世神物。非尋常什襲可炫云。

琛 寶。

百氏 百家。

縹緗 指書卷。縹。淡青色。緗。淺黄色。古時常用淡青淺黄色的絲帛作書囊書衣。因以指代書卷。南朝梁蕭統文選序。詞人才子。則名溢於縹囊。飛文染翰。則卷盈乎緗帙。

楠架 按乾隆題文宗閣疊庚子詩韵。庚子南巡閣已成。香楠爲架列函。盛可見文宗閣書架確系用楠木所制。纂修四庫全書檔案嘉慶八年（公元一八〇三年）四月初七禮部尚書紀昀奏擬續繕四庫全書事宜十條折。從前各省書架書匣。雖在外各自制造。而數目尺寸則七處相同。今文淵閣文溯閣文津閣書架均系楠木。則文宗閣書架亦當爲楠木。又有乾隆五十五年（公元一七九〇年）十一月二十三日。浙江巡撫福崧奏遵旨查明陸費墀家産情形折。嗣經該府等前抵陸費墀家內。將所有資産衣物及已未成做楠木匣料。逐一查明封固。陸費墀被罰以家産置辦南三閣書匣等項。亦用楠木。

芸編 參金山文宗閣賦珍芸編鄉史之藏注。

蓋詔頒於四十七載。禪苑興工。書匯成五百

二十函藝林稱快。

詔頒於四十七載 此謂乾隆四十七年（公元一七八二年）七月初八日。諭令另繕寫四庫全書四份以賜文匯文宗文瀾三閣事。按據乾隆題文宗閣叠庚子詩韵謂庚子南巡閣已成。自注。庚子南巡時金山文宗閣已成。貯古今圖書集成全部。其時爲乾隆四十五年。（公元一七八〇年）

禪苑興工 當指兩淮鹽運使增辦書架置辦書函等事。又乾隆四十七年（公元一七八二年）七月初八日。傳諭閩浙總督兼浙江巡撫陳輝祖兩淮鹽政伊齡阿浙江布政使署理織造盛住。着傳諭陳輝祖伊齡阿盛住等。所有大觀堂金山寺二處。藏貯圖書集成處所空餘格甚多。即可收貯四庫全書。若書格不敷。着伊齡阿酌量再行添補。至修建書格等項工費無多。即着兩淮浙江商人捐辦。伊等情殷桑梓。於此等嘉惠藝林之事。自必踴躍觀成。歡欣從事也。

五百二十函 據曾熯續金山志卷二。周伯義光緒金山志卷首二及鎮丹金溧揚聯合月刊（一九四二年十二月）載唐邦治所列。文宗閣四庫全書經部九百四十七匣。史部一千六百二十五匣。子部一千五百八十三匣。集部二千四十二匣。共得六千一百九十七匣。五百二十函系圖書集成之數。

藝林 猶士林。

維時鯨波息吼。鷲嶺無塵。璇題藻朗於丹楹。奎章震盪於靈魄。

維時 斯時。當時。

鯨波 猶言驚濤駭浪。唐杜甫舟出江陵南浦奉寄鄭少尹詩。溟漲鯨波動。衡陽雁影徂。

鷲嶺 鷲山。北周庾信陝州弘農郡五張寺經藏碑。雪山羅漢之論。鷲嶺菩提之法。本無極際。何可勝言。倪璠注。鷲嶺在王捨城。梵云耆闍崛山是也。

璇題 玉飾的椽頭。文選揚雄甘泉賦。珍臺閑館。璇題玉英。李善注引應劭曰。題。頭也。榱椽之頭。皆以玉飾。言其英華相燭也。

藻朗 藻同藻。藻朗。清麗鮮明。漢班固典引。審言行於篇籍。光藻朗而不渝耳。

奎章 參金山文宗閣賦煥日星河岳之奎章注。

登斯閣也。左依礐石之盤陀。右枕簞山之岞崿。

曉堂龍出而電烻。夜渚豚翻而風駃。

礐 多大石的山。爾雅釋山。多大石。礐。邢昺疏。山多此盤石者名礐。盤陀。石不平貌。

簰山之岞崿 參金山文宗閣賦石簰之岞崿注。

電熌 如閃電之光。謂色紅而光亮唐歐陽詹智達上人水精念珠歌。皎晶晶。彰煌煌。陸離電熌紛不常凌眸暈目生光芒。

豚 謂江豚俗稱江猪哺乳類形似魚無背鰭頭短眼小。身黑色。文選郭璞江賦。魚則江豚海豨李善注引沈懷遠南越志江豚似猪。

駃 同快。南朝宋鮑照瓜步山揭文。游精八表駃視四遐。

异書曝晾。正海門出日之時。文運扶持。是江漢朝宗之處。所由争峙乎文瀾。文匯之名。勝乎文淵文源文溯文津之號。

曝晾 指曝書閣内之書有定期曝書的規矩。以防霉爛。查纂修四庫全書檔案乾隆四十一年（公元一七七六年）六月初三諭令大學士同吏部翰林院議定文淵閣官制。設員將所有閣中書籍按時檢曝。是月二十六日大學士舒赫德等擬議每歲五六月内。提舉閣事大臣會同領閣事大臣定期奏請曝書。令直閣校理各員咸集。公同啓閣翻晾用昭巨典。再設文淵閣檢閲官八員。由領閣事大臣於科甲出身之内閣中書内遴選。奏明兼充。令其於檢曝書籍時。詣閣隨同點閲。更足以昭慎重。然乾隆五十三年（公元一七八八年）十月二十三日皇帝再降諭。以所有司事收發一切不免彼此推諉。是以内閣翰林院内務府奉宸院各衙門經理。即曝曬書籍。插架歸函。竟未能順叙。殊非慎重秘書之道。且多人抽看曝曬。易至損污。入匣時復未能詳整。安貯其弊更甚於蠹。嗣後止須慎爲珍藏竟可毋庸曝曬其地面一切亦無須奉宸苑經理。文淵閣尚且如此。文宗閣曝書亦難。

海門 參金山文宗閣賦帶海門爲襟裾注。

江漢朝宗 典出尚書禹貢。江漢朝宗於海。

息异説之蜩螗。樹穹碑於贔屭。壯聲光於黨颿鱓鼓。百尺雕甍。噴芬馥於蟲碧蟫紅。千年學海。

蜩螗 參金山文宗閣賦息百氏之蜩螗注。

樹穹碑於贔屭 參金山文宗閣賦穹碑贔屭注。

黨颿鱓鼓 鱓同鼉。揚子鰐。黨颿鱓鼓參金山文宗閣賦注。

甍 屋棟。或指屋檐。

蟲碧蟫紅 參金山文宗閣賦噴芬馥於碧蠹紅蟫注。

乃自島夷犯順。抄藏貽災。繼構粤氛。全遭楚炬。

島夷　古指我國東部沿海及海島上的居民。尚書禹貢。大陸既作。島夷皮服。這裡指發動鴉片戰爭的英軍。

犯順　叛亂。晋書甘卓傳論。甘卓伐暴寧亂。庸績克宣。作鎮扞城。威略具舉。及凶渠犯順。志在勤王。

貽災　遺禍招災。此謂道光二十二年（公元一八四三年）英軍入城在金山搶掠。文宗閣書首次受損之事。

構　通遘。遭遇。

粵氛　粵廣東廣西。古爲百粵之地。故合稱兩粵。氛。惡濁之氣。比喻寇亂。此指咸豐年間太平軍在金山燒毀文宗閣書事。

問檔案其誰司。恐山靈其欲泣。樓摧般巧。難瞻五鳳之崚嶒。劫比秦灰。莫遺二龍之護守。

樓摧般巧　般。指戰國時名匠公輸般。即魯班。樓摧般巧。謂建築工藝巧如魯班的樓被摧毀。

五鳳　古樓名。唐時在洛陽建五鳳樓。梁太祖朱温重建。去地百丈。高入半空。上有五鳳翹翼。

崚嶒　高聳突兀。南朝梁沈約鍾山詩應西陽王教。鬱律構丹巘。崚嶒起青嶂。勢隨九疑高。氣與三山壯。

秦灰　指秦朝宮殿爲項羽焚燒而成的灰燼。劉禹錫松滋渡望峽中。夢渚草長迷楚望。夷陵土黑有秦灰。又可指秦始皇焚書的灰燼。元宮天挺范張鷄黍第二折。秦灰猶未冷。漢道復衰絶。

二龍　史記卷二八封禪書。禹遵之。後十四世。至帝孔甲。淫德好神。神瀆。二龍去之。論衡卷十六亂龍。夏後之庭。二龍常在。季年夏衰。二龍低伏。

然極盛難繼。而遺迹仍留。今熹再覩承平。重興版築。一時彯組名卿。横經碩彥。擬栞遺隊之書。籍補江山之憾。

熹　通喜。欣喜。宋洪适隸續漢公乘校官掾王幽題名附文。漢人作隸好假借。或是借憙作喜作熹。

版築　兩種築土墻的工具。漢書英布傳。項王伐齊。身負版築。顔師古注引李奇曰。版。墻版也。築。杵也。這裡指土木工程。

彯組　謂佩印的綬帶飄動。指在朝爲官。南朝梁劉孝標廣絶交論。彯組雲臺者摩肩。趍走丹墀者迭迹。

横經　横陳經籍。指受業或讀書。南朝梁何遜七召。儒學。横經者比肩。擁篲者繼足。

彥　賢士俊才。碩彥指才智杰出的學者。明胡應麟少室山房筆叢九流緒論中：三子皆鴻生碩彥，目無今古。

擬　打算準備。

栞　古刊字，即雕刻。宋周庭筠東園叢説序：謹輟俸以栞諸梓，其於學者亦有助云。

隊　通墜。墜落。左傳莊公八年：公懼，隊於車，傷足，喪屨。

是猶貢琛鵲岫，約寸寸之朱絲；分繭鴛機，取純純之錦緞。

貢琛　進貢寶物。

鵲岫　岫，山洞，有洞穴的山。爾雅釋山：山有穴爲岫。太平御覽卷三十八引論衡：鐘山之上，以玉抵鵲。

朱絲　古人祭祀常用朱絲縛系。左傳襄公十八年：晉侯伐齊，將濟河。獻子以朱絲系玉二瑴，而禱。沉玉而濟。這裡一語雙關，兼指抄刻圖書時冊頁上的朱絲欄。

分繭　朱彬禮記訓纂卷六：月令：蠶事既登，分繭稱絲效功。引方慤（性夫）曰：後妃分繭使之繅，稱絲使之織。

鴛機　又稱鴛鴦機。織機的美稱。宋蘇軾鵲橋仙七夕和蘇堅詞：與君各賦一篇詩，留織女鴛鴦機上。按：董誥進全唐文表：貢琛鵲岫，約寸寸之朱絲；分繭鴛機，取純純之錦段。

先聖後聖，皆稽古而右文；官書私書，幾集帷而充棟。築作謩觴之精舍，蔚成天祿之大觀。

集帷　漢書卷六十五東方朔傳：願近述孝文皇帝之時，當世耆老皆聞見之。貴爲天子，富有四海，身衣弋綈，足履革舄，以韋帶劍，莞蒲爲席，兵木無刃，衣縕無文，集上書囊以爲殿帷，以道德爲麗，以仁義爲準。這裡用以形容書多。

謩觴　石室之名。廣博物志卷五引記事珠：嵩高山下有石室，名謨觴。內有仙書無數。昔仙人方回讀書於內，玉女進以飲食。

精舍　書齋、學舍。又指僧人道士修煉居住之所。

㓨今鎮江一郡，鏁鑰重皖襄之寄；風俗逾津滬之頹。纏帽鏤年之徒，既游弋妙高臺畔；海市蜃樓之狀，漸蔓延至信磯邊。鵙義角爭，鴞音簧感。

鏁 同鎖。

寄 寄托。

頽 崩塌墜落。此謂鎮江是長江的鎖鑰。安徽兩湖的安危皆寄托於此。

帽 纏帽。謂以布纏頭成帽的异族服飾。

鑲年 年當作耳。鑲耳穿耳并帶金銀耳環。文選左思魏都賦。鑿首之豪。鑲耳之杰。服其荒服。斂衽魏闕。張銑注。鑿首鑲耳皆夷人也。

妙高臺 又稱曬經臺。位於金山寺大雄寶殿後山腰。宋元祐元年。（公元一〇八六年）寺僧佛印鑿岩創建。原在山巔。幾經興廢。現僅存平臺。

海市蜃樓 這裡指西式風格的建築。

至信磯 一名信磯。或稱戲鼉石。位於朝陽洞北。相傳古時石下江中有鼉群。每僧至磯上敲木魚。呼之應聲而出。故名。

鴟義 喪失天良的行爲。書呂刑。蚩尤惟始作亂。延及於平民。罔不寇賊。鴟義奸宄。孫星衍疏。或今文鴟義爲消義。廣雅釋詁云。消。滅也。則消義奸軌。或爲消義善而幹軌法也。

角争 角逐争奪。

鴞音 鴞鳥的惡聲。語本詩魯頌泮水。翩彼飛鴞。集於泮林。食我桑黮。懷我好音。毛傳。鴞。惡聲之鳥也。

簧惑 惑當作惑。簧惑。以巧言惑衆。續資治通鑑元順帝至正二十四年。而綽斯戩保布哈猶飾虛詞。簧惑朕聽。

文宗閣

卷二

當此臺隍。枕夷夏之交。端在禮樂。靖兵刑之氣。

茲則典籍儲藏。銖積寸壘。高軒規復。嶽峙淵涵。

隍 護城壕。漢王逸七諫謬諫。悲太山之爲隍兮。孰江河之可涸。自注。言太山將頽爲池。臺隍謂文宗閣附近的建築。

枕夷夏之交 是説這些亭臺城壕已經處於中原國家與异國相交的地方。猶言外夷已經侵入到鎮江。

端在禮樂 端發。端起。首。此謂政治興衰其端在於禮樂。三國志卷二十五魏書高堂隆傳。帝以隆表授（下）蘭。使難隆曰。興衰在政。樂何爲也。化之不明。豈鐘之罪。隆曰。夫禮樂者。爲治之大本也。故簫韶九成。鳳皇來儀。雷鼓六變。天神以降。政是以平。刑是以錯。和之至也。新聲發響。商辛以隕。大鐘既鑄。周景以弊。存亡之機。恒由斯作。安在廢興之不階也。君舉必書。古之道也。作而不法。何以示後。聖王樂聞其闕。故有箴規之道。忠臣願竭其節。故有匪躬之義也。帝稱善。

銖 一兩的二十四分之一。淮南子天文訓。十二銖而當半兩。

高軒 高車。貴顯者所乘。亦借指貴顯者。南朝陳徐陵與楊僕射書。高軒繼路。飛蓋相隨。

規復 圖謀恢復。魏書楊椿傳。初。武興王楊集始爲楊靈珍所破。降於蕭鸞。至是率賊萬餘自漢中而北規復舊土。

嶽峙　謂如高山聳立。晋葛洪抱樸子交際。以嶽峙獨立者爲澀吝疏拙。以奴顔婢睞者爲曉解當世。

淵涵　包容深涵。明胡應麟詩藪周漢唐虞之詩。太音希聲。至商頌而百代詩法淵涵矣。

則惟有探驪靈寶檢蠹經龕有志希賢者。宜莊誦宋儒義理之精。留心經世者。宜博覩諸史興廢之迹。與夫列聖訓謨鉅公奏疏。

探驪　探驪龍之淵。莊子雜篇列御寇。河上有家貧恃緯蕭而食者。其子没於淵。得千金之珠。其父謂其子曰。取石來鍛之。夫千金之珠。必在九重之淵而驪龍頷下。子能得珠者。必遭其睡也。使驪龍而寤。子尚奚微之有哉。

經龕　用以儲藏經卷的小閣子。

經世　治理國事。後漢書西羌傳論。貪其暫安之埶。信其馴服之情。計日用之權宜。忘經世之遠略。豈夫識微者之爲乎。

力崇頂禮。敬爇心香。庶幾文事修明。囂風變革。以仰副聖天子勸學興賢之至意。豈不懿歟。

頂禮　雙膝下跪。兩手伏地。以頭頂尊者之足。是佛教徒最崇敬的禮節。

心香　佛教語。謂中心虔誠。如供佛之焚香。南朝梁簡文帝相宫寺碑銘。窗舒意蕊。室度心香。

囂風　謂喧嚷吵鬧。圖謀升遷之風。

畣　古答字。

懿　美好。

使者乘槎天上。按部吴中。家承賜書。圜諸生於太學。山登浮玉。汲修綆於中泠。

使者　謂王先謙。王先謙。清末民初樸學家。字益吾。號葵園。長沙人。同治四年（公元一八七八年）進士。曾任國子監祭酒。江蘇學政等職。精研經史。著述甚豐。撰有尚書孔傳參正等。

槎　筏木船。後以乘槎比喻奉使。唐杜甫有感詩之一。乘槎斷消息。無處覓張騫。

吴中　自明萬曆四十二年（公元一六一四年）至清代光緒三十二年（公元一九〇五年）。江蘇學政皆在江陰。江陰縣志督學察院。在縣治東。由首任學政王以寧移文邑令許達道建造。駐扎北負萬壽山西

連雪浪湖。東界廣福寺。宏敞壯麗。稱江南官署之冠。據王葵園先生先謙自定年譜卷中王先謙於光緒十一年（公元一八八五年）八月初一爲江蘇學政。八月一日奉旨江蘇學政着王先謙去。欽此束裝就道十月二十六日抵江陰駐署。

家承賜書 此説有疑問。據王葵園先生先謙自定年譜卷中光緒十一年（公元一八八五年）七月二十四日。王先謙奏請慈禧太后及光緒皇帝頒賜清朝歷代皇帝御制詩文集聖訓各一部於太學。俾士子咸窺美富。又奏請頒欽定平定粤匪捻匪方略各一部。光緒降諭著由内廷頒發。疑此書并非賜王先謙家。但經先謙奏請賜國子監而已。又據光緒實録卷一三五（光緒七年（公元一八八一年））八月丁丑頒發列聖御制詩文集列聖聖訓暨欽定剿平粤匪捻匪方略於國子監。這時王先謙亦在國子監任。蓋王氏撰年譜時有誤記耳。

圜 圍繞。列子説符云。圜流九十里。

修綆 汲水用的長繩。

中泠 謂中泠泉。在金山之西。瀕臨塔影湖。唐劉伯芻評爲天下第一泉。或名南泠泉。宋代名龍井。

合携酒祀長恩。不改羽陵之墜簡。如瞻雲在秘閣。時聆宫漏之清聲。將使士盡讀書。地希胠篋。

與阮文達焦山書藏。一例偕營范堯卿鄞縣湖園。千秋并著。

長恩 傳説中的書神名。説郛卷三一引致虚雜俎。司書鬼曰長恩。除夕呼其名而祭之。鼠不敢嚙。蠹魚不生。

羽陵 參前書集雀梁注。

瞻雲 比喻接近天子。史記五帝本紀。就之如日。望之如雲。瞻望義相近。

宫漏 指宫中漏壺（計時器）滴水的聲音。

胠篋 原指撬開箱子。引申爲盗竊。莊子胠篋。將爲胠篋探囊發匱之盗而爲守備。則必攝緘縢。固扃鐍。此世俗之所謂知也。這裡泛指各種不法的行爲。

阮文達 即阮元。清代著名學者。儀徵人。字伯元。號芸臺。謚文達。乾隆五十四年（公元一七八九年）進士。道光間官至體仁閣大學士。加太傅。揚州學派重要人物。嘗校刊十三經注疏。編經籍籑詁。匯刻學海堂經解。撰有揅經室集。

范堯卿 即范欽。明代藏書家。浙江鄞縣人。字堯卿。一作安卿。號東明。嘉靖十一年（公元一五三二年）進士。官至兵部右侍郎。歸鄉後建天一閣藏書樓。有書七萬卷。

湖園 泛指湖邊的園子。天一閣位在月湖之西。閣下又有天一池。故稱。

振文物於朱方。奉宸瀚於紺宇。俯龍湍以鏡古。黼黻儲郅世之才。踴鰲背以探奇。緗袠享名山之壽。

朱方　春秋時吴地名。治所在今丹徒區東南。左傳襄公二十八年。吴句餘予之（慶封）朱方。聚其族焉而居之。

宸翰　帝王的墨迹。清康熙乾隆在金山遺留墨迹甚多。詳金山志等。

紺宇　即紺園。佛寺的别稱。唐王勃益州德陽縣善寂寺碑。朱軒夕朗。似游明月之宫。紺宇晨融。若對流霞之闕。此謂金山江天禪寺。

龍湍　湍同淵。龍淵即深淵。古人以爲深淵中藏有蛟龍。故稱。

黼黻　黼黻皇猷的省稱。猶言輔佐國政。宋陸游渭南文集卷十一謝黄參政啓。此蓋伏遇參政相公黼黻皇猷。權衡國是。

緗袠　袠書套。緗袠謂淺黄色書套。亦泛指書籍書卷。

擬修復鎮江文宗閣鈔藏賜書記

劉翰

劉翰　字墨林。清末武進人。曾就讀於江陰南菁書院。擬修復鎮江文宗閣鈔藏賜書記是他光緒十二年（公元一八八六年）寫的應試作文。署名觀風常州生員一等一名劉翰。此文被王先謙視爲優秀作文收入他彙編的清嘉集初編中。

江由三峽而東。岷嶓以東。天柱以南。五嶺以北之水。咸入江以注海。而丹徒之金山。當其衝。東望海門。環地球諸國互市長江。者首集兹土。帆檣林立。山側北對瓜步。爲運河故道。昔時江淛百萬。漕於是出焉。而山以中流卷石。控扼四方。故地勢最要。

岷嶓　岷山與嶓冢山的并稱。岷山在今四川省北部。嶓冢山在今甘肅省天水與禮縣之間。

天柱　謂天柱山。按天柱山有四。一在山東平度。一爲安徽之霍山。一在浙江余杭縣北。一爲陝西岐山别名。此謂天柱以南之水入江。當指霍山。

衝　交通要道。

互市 指民族或國家之間的貿易活動。後漢書應劭傳。（鮮卑）故數犯障塞。且無寧歲。唯至互市。乃來靡服。這時鎮江已是對外通商的口岸之一。

帆檣 挂帆的桅杆。借指船。

瓜步 地名。有瓜步山。山下有瓜步鎮。在江蘇六合東南。古時瓜步山南臨大江。南北朝時屢爲軍事爭奪要地。公元四五〇年。北魏太武帝攻宋。率軍至此。鑿山爲盤道。設氈殿。隔江威脅建康。（今南京市）明清時設巡檢司於瓜步鎮。步。今寫作埠。唐白居易奉酬淮南牛相公思黯見寄詩。日落龍門外。潮生瓜步前。這裡是指江對岸的瓜州古鎮。

淛 水名。即浙江。亦用以指浙江省。參閱清顧祖禹讀史方輿紀要浙江一。嘉慶一統志浙江。

高宗純皇帝四十七年。欽定四庫全書成。命建文宗閣於金山行殿之右。藏經史子集册三萬六千三百有七。函六千三百六十有三。四十九年。聖駕南巡。守詔許稽古之士。就閣抄書。大聖人培養人才之至意。將謂魚魚雅雅。大器接跡。與國家億

萬年維持於無既。

高宗純皇帝四十七年 即乾隆四十七年。公元一七八二年。下四十九年。即公元一七八四年。

文宗閣四庫全書函册數 據曾燠續金山志卷二周伯義金山志卷首二及鎮丹金溧揚聯合月刊（一九四六年十二月）載唐邦治所列。文宗閣四庫全書經部九百四十七匣。五千四百零二册。史部一千六百二十五匣。九千四百六十三册。子部一千五百八十三匣。九千八十四册。集部二千四十二匣。一萬二千三百九十八册共得六千一百九十七匣。三萬六千三百四十七册。劉翰所言數目或誤。

魚魚雅雅 語出韓昌黎集卷一元和聖德詩。駕龍十二。魚魚雅雅。魏仲舉五百家注昌黎文集卷一魚魚雅雅條。韓曰。雅雅字見晋史劉惔傳洛中雅雅三蝦。魚魚字未詳。要亦車駕整肅之意。明方以智通雅卷十。鳳鳳熊熊鶴鶴鹿鹿魚魚雅雅。皆借物物而狀之。退之文魚魚雅雅。行成陳也。蓋因鐃歌朱鷺魚以烏烏與鴉一聲雅即鴉字。又本銜銜吾吾之音以合之。故雖杜撰而直同爾雅。

大器 有大才能。擔當大事的人。管子小匡。管仲者。天下之賢人也大器也。

無既 無窮。不盡。唐李迪鍛破驪龍珠賦酌斯事之爲言。緊可以用之而無既。

粤寇之亂。藏書煨燼。文宗閣僅存故址。而怪幻奇形。上薄霄漢者。皆夷人之居也。朘削財利。日益肥腯。黠者更以耶穌教漸染中土。小人逐利。咸以習知其語言文字技巧。壞風俗。賊人才。莫此爲甚。

煨燼 灰燼。燃燒後的殘餘物。晉左思魏都賦：翼翼京室。耽耽帝宇。巢焚原燎。變爲煨燼。

薄 接近。

夷人之居 指當時鎮江租界內的建築。按鎮江市志建築業第一章第二節近代建築部分：清光緒十五年（公元一八八九年）王先謙離江蘇學政任前，建成的近代西式建築有英領事館（公元一八六四年）、稅務公館（公元一八六五年）、福音堂（公元一八八九年）。又鎮江市志宗教第四章所列鎮江市區歷史上所建基督教堂一覽表，可知另有第一浸會堂（公元一八八五年）、內地會教堂（同治年間）、倫敦會教堂（同治年間）、大西路福音堂（公元一八八九年）等。

朘 縮減。剝削。漢書董仲舒傳：民日削月朘。寖以大窮。

腯 肥壯，多用以形容牲畜。文選左思吳都賦：草木節解。鳥獸腯膚。劉逵注：腯。肥也。

漸染 沾染。楚辭東方朔七諫沉江：日漸染而不自知兮，秋毫微哉而變容。王逸注：稍積爲漸。污變爲染。據鎮江市志宗教第四章第一節天主教部分：清同治三年（公元一八六四年）法國神甫雷遹駿乘法國布代爾號炮艦來鎮江。在城外大雲坊賤價購地。第二年建成教堂傳教。隨同雷遹駿來鎮江的法國神甫金式玉在鎮江先後辦了施診所、救火會、孤兒院、魯儀小學和女子小學。凡在教會學校讀書的都要學習宗教課程。參加祈禱活動。清光緒七年（公元一八八一年）外國傳教士在鎮江英租界二馬路新建仿歌特式建築風格的聖心堂（抗日戰爭時毀於戰火）。時有教徒四百人左右。第二節基督（新）教部分：基督教（新教）傳入鎮江始於清同治四年（公元一八六五年），至光緒十五年（公元一八八九年），鎮江已有浸會（浸信會）、內地會、倫敦會、長老會、美以美會等教派。并各自建有教堂。

某恭奉簡命來官此邦。伏念先帝之崇式國家之遺美。不可久闕。亟修文宗閣。使復舊觀。趾武成規。無敢損益。閣中書籍。次第抄復。俾東南多士。聞風興

起。群然向學。道德經濟。蔚爲名世。而後先帝期望之

旨庶乎有當。

簡命 選派任命。元柯丹丘荊釵記堂試。簡命分專邦甸。報國存心文獻。謂王先謙爲江蘇學政事。參李丙榮擬修復文宗閣抄藏賜書按部吴中注。

崇式 值得尊崇的法則。

闕 通缺。

武 足迹。趾武猶踵武。追隨別人的脚步。比喻繼承前人的事業。

損益 增減。

俾 使。

多士 衆士。尚書多士序。周公以王命誥。作多士。僞孔傳。所告者即衆士。故以名篇。

群然 協和一致。共同。大戴禮記四代。子曰。群然。戚然。頤然。睪然。

經濟 經世濟民。晋書殷浩傳。足下沈識淹長。思綜通練。起而明之。足以經濟。

庶 將近。差不多。左傳昭公十六年。宣子喜曰。鄭其庶乎。杜預注。庶。幾於興盛。

思昔全盛之時。聖謨洋溢。西摧準部。拓新疆二萬餘里。南征緬甸。廓爾稽首臣服。他若臺灣。金川之役。軍威所被。罔不披靡。一時重臣將帥。若傅文宗。阿文成。咸能宣國威靈。震蕩絶域。

聖謨 語出書伊訓。聖謨洋洋。嘉言孔彰。本指聖人治天下的韜略。後亦用以稱頌帝王的謀略。

準部 即準噶爾。清高宗在位期間平準噶爾之事。乾隆十年（公元一七四五年）準噶爾首領噶爾丹策零病逝。貴族内訌。阿睦爾撒納降清。乾隆乃於二十年（公元一七五五年）二月遣阿睦爾撒納等出兵伊犁。五月奏捷。阿睦爾撒納封親王。九月。阿睦爾撒納復叛。二十二年。（公元一七五七年）遣成衮扎布。兆惠擊破之。盡誅準噶爾丁壯。占領天山南北兩路。參清史稿卷十一十二。御定平定準噶爾方略等。

南征緬甸 乾隆三十年。（公元一七六五年）緬甸時常騷擾雲南普洱。歷任雲貴總督劉藻楊應琚明瑞先後兵敗。三十四年（公元一七六九年）二月。遣傅恒阿桂等征緬。遭瘴氣損失慘重。而緬甸首領懵駁亦遣使乞罷兵。五十五年（公元一七九〇年）三月。緬甸國長孟隕遣使進貢。上表賀高宗八十壽誕。封緬甸國王。參清史稿卷十三十五高宗本紀卷三百一傅恒傳卷五百二十八緬甸傳等。

廓爾 即廓爾喀。（今尼泊爾）乾隆五十三年（公元一七八八年）五十六年。（公元一七九一年）廓爾喀因貿易及議和糾紛兩次出兵。犯聶拉木達木宗喀等地。乾隆授方略予福康安。命平廓爾喀之亂。克復被兵各地。明年三月入後藏。八月至噶勒拉。廓爾喀震懼乞降。參清史稿卷十五五百二十九。

臺灣 指林爽文起義事。乾隆五十一年（公元一七八六年）十一月。臺灣彰化天地會首領林爽文起義。連破彰化諸羅鳳山等地。聲勢甚大。乾隆先後派常青福康安等鎮壓。解諸羅之圍。五十三年（公元一七八八年）二月林爽文被俘。三月被處死。參見欽定臺灣紀略。清史稿卷十五。

金川 指平定大小金川事。乾隆十一年。（公元一七四六年）大金川土司莎羅奔劫奪小金川土司澤旺。次年又攻明正土司等地。乾隆皇帝調張廣泗訥親征之。二人不協。清軍大敗。十三年（一七四八年）改以傅恒爲帥。并命岳鍾琪率軍自黨壩大破金川軍。軍復入。莎羅奔遂降。赦其罪。授以金川安撫司印信。事遂平。三十六年。（公元一七七一年）大金川土司索諾木（莎羅奔侄孫）與小金川土司僧格桑（澤旺子）再反。乾隆命温福桂林攻小金川。三十七年（公元一七七二年）以阿桂代桂林。十二月攻戰小金川美諾官寨。僧格桑奔大金川。次年六月美諾復失。温福戰死。遂以阿桂爲定西將軍。十月復克美諾。轉攻大金川。四十年（公元一七七五年）七月索諾木鴆殺僧格桑請降。不準。八月破大金川勒烏圍官寨。次年正月復破噶爾崖。索諾木請降。乃於大小金川設懋功章谷等五屯以戍之。參欽定平定金川方略。欽定平定兩金川方略。清史稿卷十一。十三等。

傅文宗阿文成 宗疑當作忠。傅文忠阿文成。分指高宗朝大臣傅恒阿桂。傅恒姓富察氏。字春和。滿洲鑲黄旗人。保和殿大學士。軍機大臣。一等忠勇公。清史稿卷三百一有傳。阿桂姓章佳氏。字廣廷。滿洲正藍旗人。因平回部改隸正白旗。武英殿大學士。軍機大臣。一等誠謀英勇公。謚文成。清史稿卷三一八有傳。兩人均爲乾隆時重臣。并在歷次戰争中有功。按清雍乾間又有傅鼐謚文宗。傅鼐姓富察氏。字閣峰。滿洲鑲白旗人。雍正時嘗從大將軍馬爾賽御噶爾丹策凌。後歷任兵部刑部尚書。乾隆元年奪官死。謚文宗。清史稿卷二九一有傳。傅鼐雖亦有軍功。其主要勛績在雍正時。且未參與乾隆十全武功諸事。不當與阿桂并列。

今島夷逼處天險之地。滋生异族。海内士大夫荷聖天子涵濡養育。誰不當端居深念。引以爲耻。自兹以往。來閣讀書之士。儻亦有瑰偉絶特如傅阿兩公。爲國伸威者乎。而非可逆覩矣。爰著金山形勢及

區區修復之意以告讀書能用險者。是爲記。

涵濡　滋潤。唐元結大唐中興頌。蠲除祅灾瑞慶大來。凶徒逆儔。涵濡天休。

瑰偉　形容事物珍美奇异或雄偉。漢司馬相如子虛賦。若乃俶儻瑰偉。异方殊類。珍怪鳥獸。萬端鱗萃。充仞其中者不可勝記。

絶特　超出尋常。唐韓愈新修滕王閣記。愈少時則聞江南多臨觀之美。而滕王閣獨爲第一。有瑰瑋絶特之稱。

逆覩　預見。三國蜀諸葛亮後出師表。臣鞠躬盡瘁。死而後已。至於成敗利鈍。非臣之明所能逆覩也。

區區　微小。引爲自謙之詞。這裡是以王先謙的口吻自稱。

擬修復鎮江文宗閣鈔藏賜書記

沈恩孚

沈恩孚　字信卿。晚號若嬰老人。江蘇吴縣人。寄居嘉定。是民國時期著名的社會賢達。對於教育和工商事業尤其熱心。十五歲補博士弟子員。後開始研究説文解字。精通訓詁之學。他就讀於上海龍門書院。後執教寶山縣學堂。清光緒二十年（公元一八九四年）中舉。同年。他與袁希濤等倡議改上海龍門書院爲師範學校。又東渡到日本考察教育。回國後擔任了龍門師範學堂的監督。主張變法維新。光緒

三十一年（公元一九〇五年）。龍門初級師範學校成立。他擔任了首任監督。接着參加了創辦江蘇學務總會。當選會長。武昌起義後。他進入江蘇都督府。擔任江蘇民政次長。不久改任江蘇省公署秘書長。辛亥革命後曾任江蘇省秘書長。一九一三年二次革命後。弃政從教。主持江蘇教育。主張體育童子軍等新教育理念。一九一七年。他與黄炎培等發起中華職業教育社。籌創了南京河海工程專門學校。後來福建富商民族實業家葉鴻英特設鴻英教育基金董事會。他參與創辦了鴻英圖書館。此後又出任上海市議會議長。抗戰期間寓居上海閉門讀書。一九四九年四月病逝於上海。

鎮江爲千古名勝地。大江東下。夾流於金焦二山間。游斯土者。謂天地之壯觀也。然自建府以來。有通德之門。無藏書之府。山川秀氣。所以潤色之者闕如。

鎮江　自隋開皇十五年（公元五九五年）至五代通設爲潤州。中間頗經改制。宋初仍曰潤州丹陽郡。開寶八年（公元九七五年）改鎮

圖[illegible]修復[illegible]之。[illegible]讀書[illegible]記。

[illegible]

擬修復鎮江文宗閣並藏書記　沈恩孚

沈恩孚[illegible]字信卿[illegible]吳縣人[illegible]著名[illegible]社會[illegible]光緒[illegible]

[illegible]

[illegible]三十一年（公元一九〇五年）[illegible]

[illegible]一九四九年四月[illegible]上海[illegible]

鎮江居千古名勝之地。大江東下。來流於金焦。三山[illegible]。[illegible]來。[illegible]文宗閣。

[illegible]乾隆[illegible]八年（公元[illegible]）[illegible]十五年（公元一七[illegible]五年）[illegible]

江軍。宋徽宗爲太子前嘗爲鎮江軍節度使。徽宗即位後於政和三年（公元一一一三年）升爲鎮江府。宋史卷二十一（徽宗政和三年八月）丁醜。升潤州爲鎮江府。元朝改路。明初稱江淮府。洪武四年（公元一三七一年）改鎮江府。直隸南京。清亦稱鎮江府。改隸江蘇省。

通德之門 東漢時北海相孔融爲表彰鄭玄之德。在其故鄉山東高密建立的門。後漢書鄭玄傳。昔東海於公僅有一節。猶或戒鄉人侈其門閭。矧乃鄭公之德而無駟牡之路。可廣開門衢。令容高車。號爲通德門。此謂鎮江有品德高尚的先賢。

乾隆四十七年。四庫全書告成。高宗純皇帝特命如內廷四閣所藏。繕寫全冊。建三閣於江浙兩省。且諭令士子願讀中祕書者。就閣廣爲傳寫。其在杭州西湖者曰文瀾。在揚州大觀堂者曰文匯。鎮江文宗閣其一也。閣建於金山下。瞰長波。土侵碧落。閣中文氣與烟雲相暉映。蓋不獨見聖朝嘉惠士林之意。

山水亦爲之生色焉。洎經兵燹。二三好學之士。沿流泝江。艤舟金山下。感懷舊蹟。輒慨傷之。

瞰 看。俯視。漢書揚雄傳上。東瞰目盡。西暢亡厓。

土 當作上。

碧落 道教語。泛指天。雲笈七籤卷一百一上清高聖太上玉晨大道君紀。太上大道君次乘三景之輿。駕六素紅雲。攝太微白帝名渠淵石。俱西行。詣碧落空歌餘黎天。見玉清昌陽始虛皇高元君。受總晨九極隱符。太上老君歷世應化圖說第九化。老君當龍漢元年分身於東極碧落之天。浮黎之國。書真文於空青之林。文成紫字。其林風聲成音。鳥食其葉。身生文章。人得其羽。即能飛行。其民長生。安樂無爲。

洎 自從。唐康駢劇談録鳳翔府舉兵討賊。（相國）洎日午達於明旦。口喑尚未能語。

兵燹 因戰亂而造成的焚燒破壞等災害。宋史神宗紀二。丁酉。詔岷州界經鬼章兵燹者賜錢。

泝 溯的古字。逆水而上。左傳文公十年。（楚子西）沿漢泝江。將入郢。

艤 停船靠岸。文選左思蜀都賦。艤輕舟。劉逵注。應劭曰。艤。正也。一曰。南方俗謂正船回濟處爲艤。

某年月日某公蒞茲邑。創議興復。於是集
資鳩工。一如文宗閣舊制。而鈔藏賜書於其中。彼都
人士。額手相慶。僉謂不圖今日復覩琳瑯舊觀也。

鳩 聚。尚書堯典。共工方鳩僝功。僞孔傳。鳩。聚。鳩工即聚集工匠。
額手 宋史司馬光傳。帝崩。赴闕臨。衛士望見。皆以手加額曰。此司馬
相公也。謂以雙手合掌加額表示敬意或慶幸。
僉 都。皆。書堯典。僉曰。於。鯀哉。
琳琅 本指美玉。借指美好的事物。晉葛洪抱樸子任命。崇琬琰於懷
抱之内。吐琳琅於毛墨之端。

夫士有閉戶潛思。搜遺文。校古本。殘編斷簡。蠹
食過半。猶終身守之。珍逾拱璧。欣欣然自以爲得未
見書。今斯閣復興。縹緗黄卷。充牣其中。吾知此邦積
學能文之彥。覽卷軸之横陳。必曰此前聖貽我以百

家之肴饌也。不可以不寶。瞻棟宇之巍峩。必曰此某
公助我以更新之氣象也。不可以不勸。由是興起鼓
舞。俛焉孳孳。登揚馬之堂。以漸窺孔顔之奥。豈無才
賢傑出。負乾坤之奇氣。以上應國家作人雅化者乎。

拱璧 大璧。左傳襄公二十八年。與我其拱璧。吾獻其柩。孔穎達疏。拱
謂合兩手也。此壁兩手拱抱之。故爲大壁。
充牣 充牣。文選司馬相如子虛賦。珍怪鳥獸。萬端鱗崪。充牣其中。不
可勝記。李善注引廣雅。充。牣。滿也。
横陳 雜亂地擺列。宋張師正括异志劉待制。先是驛居人見驅群羊
及負荷酒食。横陳之具。入驛則無人。
俛 同俯。
孳孳 同孜孜。勤勉。努力不懈。禮記表記。俛焉日有孳孳。斃而後已。陳
澔集説。孳孳。勤勉之貌。
孔顔 謂孔子顔回。魏書肅宗紀。來歲仲陽。節和氣潤。釋奠孔顔。乃其
時也。
奥 參金山文宗閣賦六經之奥注。

負 承受。

奇氣 不平凡的氣勢或氣象。太平御覽卷五九一。惟君資華岩之奇氣。稟金方之秀質。

作人 詩大雅棫樸。周王壽考。遐不作人。孔穎達疏。作人者。變舊造新之辭。後因稱任用和造就人才爲作人。

雅化 純正的教化。晋書華譚傳。刑罰懸而不用。律令存而無施。適足以隆太平之雅化。飛仁風於無外矣。

抑又有進者。兵興而後。邑中規模迄未盡復舊。苟當道諸君。誠采其有裨民生者。仿某公此舉而行之。則百廢具舉。人賴其利。凡所以彰升平之盛業者。胥於是乎始。而斯閣之重。又豈惟藝林之美談也哉。爰快意而爲之記。

抑 表推測語氣。晋書姚泓載記。物極則反。抑斯之謂歟。

胥 皆。都。詩經小雅角弓。爾之遠矣。民胥然矣。鄭玄箋。胥。皆也。

擬修復鎮江文宗閣鈔藏賜書記

繆潜

繆潜 原名時孫。字乾初。號月華山逸叟。丹徒人。少時困於制藝。及長。宦游京師。又困於薄書。一九一一年後回歸故里。曾因金山夾山黄鶴山招隱山的僧人邀請。爲他們纂修山志。

嗚呼。堯舜禹湯文武周公孔子之道。萬世不易之道。明則治。不明則亂。其所系良匪淺矣。高宗純皇帝四十七年。欽定四庫全書成。命建文宗閣於金山行殿旁。藏經史子集册。復於四十九年聖駕南巡。諭令士子願讀中秘書者。就閣抄寫。夫先帝之建閣於金山者。豈以金山爲名勝區。而恣人游玩耶。蓋鎮江

本蠻方。春秋時屬吴。後屬越。越敗屬楚。其俗强悍而不馴。而近世士子又大率喜新好异。有以培養之教育之。庶少年紛更之習默化而潛移。蓋堯舜禹湯文武周公孔子之道。足令人心折而氣純。不待嚴以政刑。自不敢離經而畔道。且未嘗不得一二奇士。可以匡社稷而御災患。先帝之識慮洵深且遠矣。

堯舜禹湯文武周公孔子之道 語出韓愈原道。曰斯道也何道也。曰斯吾所謂道也。非向所謂老與佛之道也。堯以是傳之舜。舜以是傳之禹。禹以是傳之湯。湯以是傳之文武周公。文武周公傳之孔子。孔子傳之孟軻。

明則治不明則亂 荀子天論。水行者表深。表不明則陷。治民者表道。表不明則亂。

匪 同非。

蠻方 禮記王制。南方曰蠻。雕題交趾。有不火食者矣。

屬吴屬越屬楚 史記吴太伯世家。太伯之犇荆蠻。自號句吴。裴駰集解。蠻亦稱越。故後泛稱南方曰蠻方。春秋時吴國有朱方（慶封封地）延陵（季札封地）等地。今皆屬鎮江。左傳哀公二十一年冬十一月丁卯。越滅吴。史記越王勾踐世家。勾踐之後六世越王無彊。伐齊。受游説。轉而攻楚。楚威王興兵而伐之。大敗越。殺王無彊。盡取故吴地至浙江。北破齊於徐州。而越以此散。諸族子争立。或爲王或爲君。濱於江南海上。服朝於楚。

洵 確實。詩鄭風有女同車。彼美孟姜。洵美且都。鄭玄箋。洵信也。

豈謂時至今日。异學日熾。愈奇愈甚。自泰西之學流入中土。凡言天文者地理者治兵者理財者。罔不以西學爲務。問其所學。都不外電汽化重光聲礦七學。近是約其要。則曰格致。舉所謂先聖之十三經。弃若弁髦。甚以耶穌天主爲教。索隱形怪者。争習其語言文字。而鎮江自通商以來。其地大半爲西人居。

臨江一望。奇形怪狀。駭人見聞。一白如雲。高插霄漢者。無非西人廬也。至求文宗閣故址。則由粵逆亂後蕩然無存。蓋日與西人雜處。耳濡目染。莫非异説。其受害尤甚。堯舜禹湯文武周公孔子之道。尚誰舉而明之耶。然則文宗閣愈不能不亟復之。

泰西 猶極西。舊泛指西方國家。一般指歐美各國。明方以智東西均所以。泰西之推有氣映差。今夏則見河漢。冬則收氣濁之也。

格致 本是理學術語格物致知的省稱。清末用以指物理學或籠統指稱自然科學。章炳麟論承用維新二字之荒謬。格致者何。日本所謂物理學也。一九〇四年。張百熙等定癸卯學制。則以格致科指理科。

弁髦 弁。黑色布帽。髦。童子眉際垂發。古代男子行冠禮。先加緇布冠。次加皮弁。後加爵弁。三加後。即弃緇布冠不用。并剃去垂髦。理髮爲髻。因以弁髦喻弃置無用之物。左傳昭公九年。豈如弁髦。而因以敝之。

維光緒乙酉年秋。某承簡命來官此邦。深以正道不明爲慮。又念先帝之至意。遂擬修閣鈔書。復舊觀以儆士習。於時有從而阻者曰。識時務者爲俊傑。今天下之患。莫大於夷。而夷專尚電汽諸學。今欲攘夷。捨電汽諸學無一可者。顧乃亟亟於修閣鈔書務此不急之務。未免迂甚。嗚呼。自來英偉俊傑之士。類皆從讀書中來。捨此以求。則欲謀富國。國愈不富。謀强兵。兵愈不强。况欲謀破敵。必求所以破敵之術。而踵其謀以圖之。未見事之有濟也。彼阻之者。徒見世人挾西學以弋富貴。遂爲此苟且之談。忍屏堯舜禹湯文武周公孔子之道而不懼。此世道所以日壞。人

心所以日澆也。可勝慨哉。可勝慨哉愚懼甚。謹本某修復之意爲之記。以爲弃堯舜禹湯文武周公孔子之道者戒云。

亟亟 急忙。二刻拍案驚奇卷十七。（魏撰之）見說聞舍人已回。所以亟亟來拜。

類 皆。大抵。史記伯夷列傳。岩穴之士趣舍有時若此。類名堙滅而不稱。悲夫。

弋 用帶絲繩的箭來射。引申爲獲取。詩鄭風女曰鷄鳴。將翱將翔。弋鳧與雁。

澆 薄。常用於指社會風氣浮薄。後漢書朱穆傳。常感時澆薄。慕尚敦篤。

弔文宗閣址

繆潛

碧峰聳金鰲。崚嶒鎮江皋。中有傑閣矗。孤峭凌青霄。式思我先帝。作人澤沛膏。雅詩咏棫樸。上追姬周。朝登臨相陰陽。鳩工辟雲坳。經營成不日。松茂還竹苞。全書賜四庫。藏茲邁瓊瑶。觀覽召登閣。萬卷許手鈔。多士造濟濟。起鳳并騰蛟。厄運遘陽九。毀室嗟鴟鴞。一炬付妖燄。可憐土盡焦。肅清幸吾郡。金碧恢僧寮。獨斯荒煙積。慘然埋蓬蒿。長沙我夫子。（謂王益吾師）吴中駐星軺。厚意仰先帝。修復擬一朝。賜書此披寫。講學群賢招。有志悲未逮。繼起無英豪。荒廢問誰問。往來任山樵。祇嘆光宣際。腥風掀海潮。學校大林立。邪說顛痍彝。倫常痛掃地。經史弃弁髦。斯閣仍莫顧。狐

免供作巢。百事忍民剥。偏此力恤勞。天道倘未泯。嗤笑應山魈。百川孰東障。學海狂挽濤。我今搜遺迹。悵倚臺妙高。愴懷我先帝。仰天泣兼號。

式 語助詞。詩大雅蕩。式號式呼。俾晝作夜。

作人 參沈恩孚擬修復鎮江文宗閣鈔藏賜書記作人雅化注。

澤沛膏 猶膏澤而沛降下。充沛滋潤的雨水。

棫樸 詩經大雅文王之什中的作品。全文爲。芃芃棫樸。薪之槱之。濟濟辟王。左右趣之。濟濟辟王。左右奉璋。奉璋峨峨。髦士攸宜。淠彼涇舟。烝徒楫之。周王於邁。六師及之。倬彼雲漢。爲章於天。周王壽考。遐不作人。追琢其章。金玉其相。勉勉我王。綱紀四方。五章章四句。毛傳山木茂盛。萬民得而薪之。賢人衆多。國家得用蕃興。

姬周 周朝王室姓姬。故稱姬周。

相陰陽 謂考察文宗閣的地理環境。詩經大雅生民之什公劉。篤公劉。既溥既長。既景乃岡。相其陰陽。觀其流泉。鄭箋。以日景定其經界於山之脊。觀相其陰陽。寒暖所宜。流泉浸潤所及。

鳩工 參沈恩孚擬修復鎮江文宗閣鈔藏賜書記集資鳩工注。

成不日 即不日而成。詩經小雅鴻雁之什斯干。如竹苞矣。如松茂矣。鄭箋。言時民殷衆。如竹之本生矣。其佼好。又如松柏之暢茂矣。

陽九 古代術數家以四千六百一十七歲爲一元。初入元一百零六歲。內有旱災九年。謂之陽九。漢書律曆志上。易九厄曰。初入元。百六。陽九。次三百七十四。陰九。次四百八十。陽九。次七百二十。陰七。次七百二十。陽七。次六百。陰五。次六百。陽五。次四百八十。陰三。次四百八十。陽三。凡四千六百一十七歲。與一元終。經歲四千五百六十。災歲五十七。這裡是表示文宗閣屢遭厄運。

鴟鴞 比喻破壞國家安定的人。這裡指太平天國。詩經豳風鴟鴞。鴟鴞鴟鴞。既取我子。無毀我室。

僧寮 僧舍。宋陸游貧居詩。囊空如客路。屋窄似僧寮。

軺 當作軺星。軺使者所乘的車。亦借指使者。唐宋之問奉和梁王宴龍泓應教。水府淪幽壑。星軺下紫微。

荒廢問誰問 疑上問字當作憑。

光宣 分別指光緒宣統。此下所謂腥風邪說當指維新革命黨等各派的學說與活動。

瘈 瘋狂。左傳哀公十二年。國狗之瘈。無不噬也。瘈獒猶瘋狗。

弁髦 參繆潛擬修復鎮江文宗閣鈔藏賜書記弃若弁髦注。

山魈 動物名。猴屬狒狒之類。體長約三尺。頭大面長。眼小而凹。鼻深紅色。兩頰藍紫有皺紋。腹部灰白色。臀部有一大塊紅色胼胝。尾極短而向上。有尖利長牙。性凶猛。狀極醜惡。古代傳說以爲山怪。又稱山蕭

山隰山纅等。記述狀貌不一。

金山

莫友芝

莫友芝 字子偲。號郘亭。晚號眲叟。貴州獨山人。道光十一年（公元一八三一年）舉人。咸豐間以知縣用。弃去。游曾國藩幕。與張文虎、張裕釗等校讎經史。通文字訓詁之學。與鄭珍俱爲西南大師。工詩。又精真行篆隸書。有郘亭知見傳本書目等。

金山胡爲黠兀兀。瓦礫漫空壓山骨。景純水龍陸且沈。妙高浮圖鞹猶革。殘僧三兩避亂返。無力誅茅栖石窋。客來攢眉偏指點。破礎何宫殿何碣。自從山下長新洲。走馬登山殺機發。老僧護法本平等。三藏運檣走岩樾。文宗四庫隔典守。一炬琳宫共灰焞。

此山南巡屢駐蹕。天筆聖文昭日月。莊嚴自敕斷醵募。烟燧未空無寶筏。精藍欲復知幾時。黠鬼乘虚肆侵越。眼看卧榻鼾异類。主賁自官吁可咄。頭陀深慮無乃過。肉食良謀豈荒忽。安心參透空色禪。滿地荆榛總瑶闕。

胡爲 猶何爲。爲什麽。

兀兀 静止貌。唐韓愈雉帶箭詩。原頭火燒静兀兀。野雉畏鷹出復没。

山骨 山中岩石。唐劉師服侯喜等石鼎聯句。巧匠斫山骨。刳中事煎烹。

景純 即郭璞。

水龍 指雲根島。陸游渭南文集卷四十三入蜀記第一。因登雄跨閣觀二島。左曰鶻山。右曰雲根島。皆特起不附山。俗謂之郭璞墓。光緒丹徒縣志卷二。大水不能没。且將要。陸沉。本義爲在陸地沉下去。比喻隱居。這裡指雲根島將沉入水中。

鞹猶革 指妙高臺上的佛教建築不再有光澤。但是建築還在。差强人意。論語先進。文猶質也。質猶文也。虎豹之鞹猶犬羊之鞹也。集解。孔

安國曰。皮去毛曰鞹。革。説文解字卷三下。革。獸皮治去其毛。

攢眉 皺眉。舊題漢蔡琰胡笳十八拍之五。攢眉向月兮撫雅琴。五拍泠泠兮音彌深。徧。即遍。

平等 佛教名詞。意謂無差別。指一切現象在共性或空性唯識性心真如性等上没有差别。金剛經净心行善分。是法平等。無有高下。故名無上正等菩提。謂金山僧侣在保護文獻的態度上并没有分别心。願意轉移文宗閣的藏經。

三藏 梵文意譯。佛教經典的總稱。分經律論三部分。經。總説根本教義。律。記述戒規威儀。論。闡明經義。南朝梁沈約内典序。義隱三藏之外。事非二乘所窺。岩樾。山岩上的樹蔭。唐何據射楊葉百中賦。豈直忘歸貫星。繁弱銜月。雁迸落於雲霄。猨洞叫於岩樾而已哉。

琳宫 仙宫。這裡用以指文宗閣。初學記卷二三引空洞靈章經。衆聖集琳宫。金母命清歌。

焞 集韵。没韵。焞。烟起貌。唐蘇鶚杜陽雜編卷上。燒燕肉熏之。則焞焞焉若生雲霧。

南巡屢駐蹕 參李丙榮擬修復鎮江文宗閣鈔藏賜書記值五巡之蹕駐注。

莊嚴 佛教語。佛教謂以福德等净化身心。有戒三昧智慧陀羅尼四種莊嚴。亦指宏偉精妙之境界。

敕 誡也。告誡的意思。如申敕戒敕。

醵 聚集。聚斂。這裡指籌集金錢的意思。

烟燧 古代邊防報警的信號。白天放烟叫烽。夜間舉火叫燧。借指戰火。

寶筏 佛教語。比喻引導衆生渡過苦海到達彼岸的佛法。唐李白春日歸山寄孟浩然詩。金繩開覺路。寶筏渡迷川。

精藍 佛寺。僧舍。精。精舍。藍。阿蘭若。宋高翥常熟縣破山寺詩。古縣滄浪外。精藍縹緲間。

黠鬼 狡黠的鬼魅。宋蔡絛鐵圍山叢談卷四。宗堯始疑而詢焉。方道其事。始知爲黠鬼所侮。

卧榻句 宋岳珂桯史卷一徐鉉入聘條載宋太祖降南唐諭。但天下一家。卧榻之側。豈容他人鼾睡耶。這裡説黠鬼异類。似指有外國人想向官府請求用金山寺故地以作他用。

肉食句 左傳莊公十年。齊師伐我。公將戰。曹劌請見。其鄉人曰。肉食者謀之。又何間焉。劌曰。肉食者鄙。未能遠謀。良謀。反語。蓋譏官府有應允外國人之意。

空色禪 即關於空即是色。色即是空的佛理。謂色受想行識五蘊與空不异。而且相即。其經典論述爲般若波羅蜜多心經。色不异空。空不异色。色即是空。空即是色。受想行識。亦復如是。

荆榛 叢生灌木。多用以形容荒蕪情景。曹植歸思賦。城邑寂以空虚。草木穢而荆榛。此二句謂金山建築無恢復重建之望。則僧人衹有以空即是色的禪理自我安慰。將長滿灌木的荒地當作精美的佛寺修行。

是心的[illegible]理自鼓公劇將其大滿[illegible]木的[illegible]逝奇清美的佛寺源行
本[illegible]江[illegible]金山連[illegible]無[illegible]三[illegible]入[illegible]有以空界
荊蘇[illegible]生[illegible]本[illegible]以[illegible]合[illegible]景[illegible]四[illegible]以空道草
昇色[illegible]是[illegible]即[illegible]色[illegible]想[illegible]識亦復如是
空不異色[illegible]且若[illegible]非[illegible]論[illegible]故若[illegible]色不異空不異
空色[illegible]即[illegible]空即是色[illegible]即是[illegible]不[illegible]相行識五蘊與
[illegible]圖之八之[illegible]
[illegible]之又何聞[illegible]日[illegible]食[illegible]不能[illegible]業[illegible]又語蓋[illegible]宜[illegible]有[illegible]
肉[illegible]食[illegible]白[illegible]大[illegible]十[illegible]年[illegible]公[illegible]書[illegible]見其[illegible]人[illegible]內[illegible]食
向[illegible]宣[illegible]請[illegible]因[illegible]金山寺故[illegible]以作[illegible]用
十[illegible]之[illegible]豈[illegible]地人[illegible]華[illegible]入[illegible]國[illegible]人[illegible]
但[illegible]自[illegible]安[illegible]石[illegible]入[illegible]宋[illegible]大[illegible]入[illegible]下
其[illegible]事[illegible]始[illegible]所[illegible]所[illegible]圓[illegible]山[illegible]古[illegible]宗[illegible]高[illegible]
語[illegible]鬼[illegible]精[illegible]同[illegible]大[illegible]圓山[illegible]見[illegible]古[illegible]
淨[illegible]外[illegible]蓋[illegible]精[illegible]合[illegible]高[illegible]宇[illegible]山[illegible]古[illegible]
精[illegible]蓋[illegible]山[illegible]法[illegible]金[illegible]開[illegible]寶[illegible]白[illegible]春
日[illegible]靜[illegible]山[illegible]佛[illegible]教[illegible]比[illegible]事[illegible]年[illegible]白[illegible]春
寶[illegible]在[illegible]古[illegible]代[illegible]新[illegible]天[illegible]間[illegible]火
國[illegible]寂[illegible]宋[illegible]集[illegible]書[illegible]金[illegible]
[illegible]

文字禪　卷一　四

敵[illegible]也[illegible]識的[illegible]中[illegible]故[illegible]數
種[illegible]亦[illegible]之[illegible]境[illegible]
[illegible]語[illegible]教[illegible]人[illegible]年[illegible]身[illegible]有[illegible]四
禪[illegible]
雲[illegible]圖[illegible]宋[illegible]五[illegible]文
古[illegible]生[illegible]寺[illegible]社[illegible]人
淨[illegible]雲[illegible]的[illegible]有[illegible]道[illegible]
集[illegible]林[illegible]宮[illegible]合[illegible]命[illegible]有[illegible]
師[illegible]宣[illegible]寫[illegible]文[illegible]同[illegible]空[illegible]
實[illegible]星[illegible]月[illegible]雲[illegible]
東[illegible]華[illegible]三[illegible]來[illegible]中[illegible]直[illegible]
妻[illegible]求[illegible]成[illegible]經[illegible]三[illegible]之[illegible]
三藏[illegible]文[illegible]三[illegible]本[illegible]
意[illegible]文[illegible]宗[illegible]
乘上正[illegible]金山[illegible]在[illegible]上[illegible]有[illegible]
真[illegible]上[illegible]有[illegible]金[illegible]經[illegible]善[illegible]高[illegible]下[illegible]
平等[illegible]數[illegible]無[illegible]一[illegible]空[illegible]
分[illegible]
讚[illegible]閒[illegible]十[illegible]五[illegible]
本[illegible]國[illegible]文[illegible]五[illegible]文[illegible]

卷三　文宗閣復建過程

潤州　徐蘇撰

文宗閣不祇是一座藏書樓。它是大多數學者所敬仰的地方。在這些學者們的心中。它不僅是一座樓。更是一種文化的象徵。是一種歷經艱難而愈顯悲壯的文化奇迹。文宗閣爲鎮江歷史文化的傳承和延續提供了一個獨辟蹊徑的機會。所以文宗閣被毀後。復建的呼聲不絕。許多文人雅士爲了它的重現想方設法出謀劃策。期待着今斯閣復興。縹緗黄卷。充牣其中。吾知此邦積學能文之彦。覽卷軸

之横陳。必曰。此前聖人貽我以百家之肴饌也。不可以不寶的那天到來。

先賢紛説文宗閣

清光緒十一年。（公元一八八五年）王先謙出任江蘇學政。他對文宗閣被毀一事很痛心。作爲學官他對江南讀書人失去了本地的讀書樓。没有了就近讀書的機會感到惋惜。於是他利用視學江蘇的機會。出題考諸生。選了擬修復鎮江文宗閣鈔藏賜書記的題目。以此來表達自己的想法。希望通過考試作文來

引起社會的重視和皇帝的關注。達到修復文宗閣的目的。他還把相關的優秀作文挑選出來。彙編成集。進一步擴大社會影響。

王先謙。湖南長沙人。字益吾。人稱葵園先生。同治四年（公元一八六五年）進士。授翰林院庶吉士。散館授編修。光緒六年（公元一八八〇年）任國子監祭酒。充雲南江西浙江三省鄉試正副考官。光緒十一年（公元一八八五年）督江蘇學政。五年後去任。回長沙定居。光緒十六年（公元一八九〇年）主講湖南思賢講舍。次年任城南書院山長。三年後又轉岳麓書院山長。主講岳麓書院達十年之久。

當時的一班文人響應王先謙的倡議。紛紛撰文。如文人沈恩孚撰寫過擬修復鎮江文宗閣鈔藏賜書記。表達了修復文宗閣的渴望。鎮江籍學者李丙榮亦撰寫了擬修復鎮江文宗閣鈔藏賜書記。稱贊了文宗閣當年的盛狀。武進人劉翰也撰寫了擬修復鎮江文宗閣鈔藏賜書記。其文後來被收入了王先謙所編的文集中。

光緒十七年。（公元一八九一年）光緒狀元閩縣王仁堪由京城外放來鎮江擔任知府。據說臨行前。他曾接受了丹徒同僚馮煦的建議。到鎮江後製訂了一套修

復文宗閣的計劃。可惜在任時間不長就調任蘇州知府。計劃没能實施。

同年。江蘇學政溥良視學時。在與地方士子的接觸中。也聽說了文宗閣被毁之事。動了修復文宗閣的念頭。溥良。字玉岑。滿洲正藍旗人。光緒六年（公元一八八〇年）宗室會試第一名。殿試成進士。授翰林院編修。光緒十七年（公元一八九一年）任江蘇學政。二十三年（公元一八九七年）任順天鄉試副主考。二十六年（公元一九〇〇年）由戶部侍郎升左都御史。二十九年（公元一九〇三年）順天擔任鄉試主考。禮部尚書。宣統元年（公元一九〇九年）任察哈爾都統。此人雖爲滿人。但對漢文化的研究頗有功底。是一位善於選拔培育人才的人。

光緒十八年（公元一八九二年）六月二十四日。溥良給朝廷上了奏擬先行修建文宗閣的折子。折子中說。江蘇金山於乾隆年間蒙高宗純皇帝敕建文宗閣。尊藏四庫全書。同時於揚州敕建文匯閣。一體辦理。誠以江南爲人文淵奧。士之通經稽古者多。使得窺天禄之秘藏。覽石渠之异本。見聞既洽。成就斯大。誠盛典也。遭亂以來。均毁於火。至今尚未與復。查杭州亦有文瀾閣之建。同毁於寇。近年浙中紳富收購遺本。

由地方官會同籌款庀工補寫。頓復舊觀江蘇地大物博。不亞於浙。承平已及二十餘年。似應及時修復。惟兩閣并建。誠恐經費難籌。奴才查金山居揚鎮之間。兹擬先行修建文宗一閣。除由奴才諮商撫臣籌款并勸募地方官。紳富凑集舉辦外。相應附片奏明。一俟閣成之日。再行專折恭請頒發列朝聖訓實録方略等書。衹領尊藏。用以惠士林而垂永遠。

溥良在折子中提出的建議還是比較中肯的。有想法。也有措施。他提出了在杭州恢復文瀾閣。修復四庫全書後。文宗閣和文匯閣也應恢復。由地方官員鄉紳和當地富商籌集經費。具體分兩步。先修復文宗

閣。再修復文匯閣。然後效仿乾隆皇帝當年的做法。由朝廷賜書二閣。滿足江南士子的讀書需求。可惜由於時局動蕩。他的這一建議没有得到光緒皇帝的重視。批了一個知道了。没有具體的落實措施。

光緒末年。在鎮江的宜興學者陳任暘也積極收集有關文宗閣的遺存資料。呼籲復建文宗閣。臣等謹按。文宗閣雖毁於劫火。基址僅存。然巨典攸關。故照曾志恭列并增録諭旨三道。以志稽古右文嘉惠士林之至意焉。將有關文宗閣的藏書目録和乾

隆皇帝的諭旨摘録出來。此後編入光緒金山志中。

紹承規復文宗閣

到了二十世紀三十年代初期。鎮江人吴寄塵慨然以恢復文宗閣爲己任。在伯先公園内雲臺山的半山腰上建起了藏書樓。名曰紹宗國學藏書樓。取紹承文宗閣之意。紹宗國學藏書樓在籌建過程中得到了冷御秋丁傳科趙蜀琴等地方人士的支持。吴寄塵做過張謇的助手。先後擔任過南通大生紗廠經理和大生紗廠駐上海辦事處主任。他拿出

了手中的積蓄。承擔了一大半主樓的建築經費。其餘不足的部分由冷御秋丁傳科趙蜀琴三人分擔。

紹宗國學藏書樓採用了西歐式的建築風格。爲鋼筋混凝土結構。由上海揚子建築公司負責承建。一九三三年完工。該樓落成後。吴寄塵率先將自己藏書室味秋軒中的兩萬餘册藏書獻給了紹宗國學藏書樓。著名學者柳詒徵稱贊吴寄塵此舉是扶危持顛。有名相之才。從九原報張嗇公道商界。乃今而後知秀才風儀。開物成務。以正學爲本。斥萬卷紹文宗閣。問儒林何人能具此菩薩心腸。後來他在

致陸小波書中又表達了對吴寄塵的敬佩之情。紹宗樓之初意。祇因乾隆時。江蘇浙江兩省有三閣收藏三部四庫全書。而江蘇乃有二閣二部。此爲全國所無。即此可見滿洲帝王時代特别注重江蘇省之文化。咸同以來江浙三閣俱焚。書亦無存。其後杭州人乃陸續鈔配一部四庫全書。而江蘇之鎮江揚州不能同時并舉。此我鎮江人之不努力。亦即江蘇省之憾事。吴寄塵一個窮秀才。忽然倡辦紹宗樓。捐置書籍。雖未能即比文宗閣。其志願極可欽佩。吴寄塵不僅帶頭捐書。他又發起成立紹宗國學藏書樓籌備委員會。聘請冷御秋丁傳科柳詒徵尹石公陸小波嚴惠宇等社會知名人士擔任籌備委員會的委員。紹宗國學藏書樓對外開放後。由於吴寄塵突然病故。遂由冷御秋柳詒徵尹石公共同負責藏書樓事務。出任藏書樓管理委員會的常務委員。委員則由胡筆江唐壽民陳光甫吴蘊齋吴言欽嚴惠宇包允恭等社會名流擔任。由他們共同承擔藏書樓日常的經費開支。

紹宗國學藏書樓内設有專職圖書管理人員。負責藏書的管理和分類編目。初創時。邀請了南

通的吴士湛擔任幹事。吴士湛畢業於無錫國學專修學校。古文根底深厚。在他管理藏書樓時。編印過當時的藏書簡目。吴士湛辭職後。又聘請王旋伯殷吉符等繼任幹事。王旋伯畢業於無錫國學專修學校。殷吉符則是清末的秀才。均是專攻古籍的學人。在他們任職期間。編成了藏書樓的藏書細目。另外李竹虚趙乃隆江世榮江萬里曹沛然王雲軒楊玉書吴仲升喬風德等先生也在藏書樓中管理過書。新中國成立後。藏書樓歸鎮江市文管會和鎮江市博物館管理期間。又請過鮑鼎丁志安沈芷痕等博

學之士管理圖書。其中鮑鼎對藏書樓貢獻最多。他將藏書樓的全部藏書編成書本式目録。著録古籍三千七百多種。七萬餘册。

紹宗國學藏書樓的書源主要來自社會的捐贈。當時收藏的叢書數量較多。有清鮑廷博的知不足齋叢書等。當時商務印書館刊行的續古逸叢書四部叢刊四庫全書珍本等大型叢書都充實其中。紹宗國學藏書樓中的善本不少。比較典型的有元刻本五部。明刻本一百九十六部。五千餘册。這些刻本均出自著名的官方刻書機構和有名的私人刻

書家之手。反映了當時的刻書風格。多屬刻書中的精品。其中著名書法家林佶的漁洋山人菁華録堯峰文鈔午亭文編寫刻精本質量上乘。

另外一部是清代滿族詞人太清春的詞稿鈔本。這是北京詞人况周頤贈送給吴寄塵六十壽辰的禮物。每頁用宣紙襯托。每册封面和封底用虎皮箋制成。共四册。裝幀頗爲精緻。清代女詞人太清春當年享有盛名。過去有人評論清代滿族詞人。有男有納蘭性德。女有太清春之譽。太清春的詞集名稱曰東海漁歌。刻書家南陵徐乃昌曾依據紹宗國學藏書樓的這部鈔本雕版行世。敦煌石室中唐人手寫佛經的殘卷也是難得的好東西。此經卷雖内容不全。但時代久遠。仍保持着唐代的風貌。爲世罕見。

紹宗國學藏書樓中還有一些特色藏書。其中三十五種康有爲萬木草堂的藏書。不少都是明代的刻本。上面有康有爲本人的親筆題字和序跋。爲後人提供了許多珍貴的版本學知識。康有爲是清代著名的藏書家。一生聚書無數。其中好的本子不少。他在廣州開辦萬木草堂時。把自己如樓和萬卷樓中的藏書分裝了數百箱送到那裡。又購置了一

大批自然科學方面的圖書充實其中。戊戌變法失敗後。萬木草堂被查抄。書藏也被兩廣總督府查抄。大量的藏書被没收撥給了廣雅書院。以後多去向不明。故現存的康有爲藏書尤顯珍貴。

精心復建文宗閣

二〇一一年十月二十六日。復建的文宗閣終於再現昔日風采。這一天上午。鎮江市人民政府在閣中舉行了隆重的慶典。下午。清史專家閻崇年先生登樓作了文宗閣四庫全書與鎮江的講座。中國

閱讀學會會長徐雁教授應邀參加了當天舉辦的首届文宗閣學術研討會。來自鎮江歷史文化名城研究會的二十多位專家學者歡聚在閣中的學術報告廳。共商文宗閣的未來。鎮江園林人更是興高采烈萬分激動。是他們用勤勞和智慧復建了文宗閣。爲鎮江這座歷史文化名城樹立了豐碑。此舉將永載史册。

復建的文宗閣隱於金山寺東的湖中小島上。四面環水。秀麗典雅。以其特有的文化底蘊凸現在世人面前。走進文宗閣。墨緑的欄杆水磨的磚墻

琉璃的屋頂古樸的門匾都給人留下了深刻的印象。濃濃的書香仿佛浸透在每一個方寸之間。據文宗閣的設計者介紹。復建的文宗閣距離遺址東側二百米左右。占地總建築面積一千二百八十六平方米。其中。主體藏書樓占六百七十三平方米。御座房占七十六平方米。門廳占六十八平方米。廊亭總面積占四百六十八平方米。在設計理念上。依據原圖的式樣。傳承了清代文宗閣的建築風格。和寧波天一閣一樣。坐北朝南。爲古典的四合院形式。由門廳假山御座房藏書樓回廊方亭等組成。

文宗閣的門廳面闊三間。進深兩間。正門爲六扇高三米的仿古銅門。門式浮雕雲龍。銅釘獸環。左右兩側的端墻前分別樹立了一塊漢白玉的詩碑。雙龍碑冠。須彌碑座。碑上刻有乾隆皇帝題文宗閣和題文宗閣疊庚子詩韵的文字。字體端莊清秀。門廳正中的下方懸挂着乾隆皇帝御筆文宗閣門匾。裝飾有雕龍貼金的花紋。

御座房面闊三間。進深三間。是乾隆皇帝在文宗閣休息的地方。正門的上方懸有人文淵藪的匾額。室内明黄色帷幔。輕垂。金龍彩畫輝映。布置得富

麗堂皇。正中的御臺上陳設有皇帝的座椅。紅木雕刻。精緻典雅。椅子的背面是雕刻龍騰形態的大型屏風。兩側有孔雀翎羽扇婷立。座前有銅鑄的雙鶴雕塑。臺沿是游龍環抱的圖案。臺座四周是環繞的熏爐。重現了宮室端莊絢麗的氛圍。内墻的兩側還分別鑲嵌了兩幅乾隆南巡圖壁畫。

藏書樓是文宗閣的主體樓的平面面寬六間。進深五間。兩層樓重檐硬山造。因兩層中有一夾層。實際上有三層樓面可供藏書。藏書樓的正中樓檐上高懸着江山永秀的匾額。此匾亦是乾隆皇帝的

手筆。

藏書樓底層的中廳正面陳列有八扇屏窗。上面刻有清人張慰塑金山文宗閣賦中節選的内容。左右兩邊的壁上有傳統的挂屏。上面寫了有關四庫全書和文宗閣的内容。底層的西廳壁墻上展出了大幅仿古木刻版畫文宗閣實景圖和乾隆皇帝南巡時的金山全圖。底層的東廳壁墻上則挂了圖文展板。分別介紹了文淵文源文津文溯文瀾文匯六閣的情況。東西兩廳内還陳列有幾組展櫃。裏面擺放着有關四庫全書和文宗閣的資料。

藏書樓的二層主要用來陳列藏書。在精緻的紅木書櫃中收藏了全套綫裝的四庫全書影印本。此套四庫全書影印本由北京故宫博物院負責監制。鷺江出版社出版。以清乾隆時期第一部四庫全書文淵閣本爲底本。運用了現代技術製版。采用玉版手工宣紙。手工印製。手工裝幀。全書爲大八開。共一千一百八十四册。分裝一百四十八函。特制金桐仿古書幀函板。古色古香。雍容華貴。原全國政協副主席王忠禹先生擔任此書總顧問。爲之題詞國之瑰寶。國學泰斗季羡林先生擔任該書的學術委員

會主任。并題詞嘉惠學林。功在千秋放眼望去。全套精裝的四庫全書排列有序。翻卷觀覽。則淡淡的墨香撲面而來。樓内還有幾列仿古的書架。長寬高尺寸都按照過去的書架式樣。上面擺放着精美的書匣。按經史子集排列。讓人聯想起當年四庫全書陳列的情景。

藏書樓中還有一些與當年編纂四庫全書有關的物品。可以增加文化内涵。如照國家圖書館藏原件復製的文宗閣四庫全書裝函清册。上面清秀的墨迹藏書的方印修復的印記裝裱的

模樣。都保存着當年的古韵。是文宗閣中最值得一看的精品。

另外。樓中還有一些與四庫全書有關的書品。也可以反映鎮江這座歷史文化名城藏書的厚重感。這裡有四庫的禁書古今全史一覽復件。由於此鈔本存於禮親王的府内。才逃過了這場劫難。大藏書家羅振常在題識中説。古今全史一覽。明舒弘諤輯。書成之熙禎間。故謹記至光宗而止。以明人而記明事。是謂今史。旋李笠翁續之。至明末長白黄中道。又取之續編。更加删訂。舒李之書。當時曾有刻本。今已無傳。黄氏此本寫而未刻。轉爲碩果。亦云幸矣。這本書的内容廣泛。時間跨度從上古一直延續到元代。因此。歷年甚多。叙事簡而能賅。誠屬不易。然最可取者。則在明代。其叙明代事數倍他朝。續編於崇禎世事尤詳實。

由於李漁黄中道續的時間在康熙中。當時明史還没有編出來。所以本書的取材不是取之於官書。觀點與官方的正史必然有區别。這樣對於後世的參考價值就更高。如照官書中的記載。在甲申年間遇難的文臣人數是二十一人。而此書增加了御

史趙一人。比官書記載的更加詳細。

此書不僅具有較高的史料價值。它的書法價值更高。稱得上是鈔本中的極品。羅振常感嘆道。書字迹工整。紙墨精良。曾藏於禮邸。以爲珍玩。良不誣也。精美的書法。配上禮府的藏書印。已使現存鎮江的這部清雍正年間澹寧齋的精鈔本名揚海内外。

這裡有四庫全書的底本。復件底本的書名叫日涉園集。作者是宋代的李彭。李彭字商老。建昌（今江西永修西北）人。自號日涉園夫。又號海昏逸人。李彭家貧苦讀。通曉經史。詩文能兼諸家之長。他的詩諸體皆備。五七言詩俱佳。著有日涉園集。集中多有與蘇軾黄庭堅及派中諸詩人相唱和之作。一生隱居未仕。宋史不爲立傳。然功名不顯。文名却著。詩名與蘇庠齊名。人稱蘇李。是江西詩派的重要成員之一。

宋代日涉園集曾出過十卷的版本。到了編纂四庫全書時已經失傳。後來此書内容從明代永樂大典中輯出。又編成了十卷。收入四庫全書集部別集類。存詩七百二十首。

現存鎮江的這部日涉園集存卷九和卷十。從現有的特徵考證。它是當年從永樂大典中將相關内

容輯出的翰林院鈔本。此書爲朱絲欄單魚尾。版心上端題欽定四庫全書字樣。版心中間有日涉園集的書名。下端是書頁碼的數字。每頁分八行。每行二十字。加注爲雙行文字。在書的側頁上有標明詳校官刑部郎中臣孟康字樣的題簽。書的卷末側頁題有總校官編修臣吴裕德編修臣胡榮校對生員劉堪字樣。

這裡還有四庫全書採進本的復件。如夷齊志一書。此書又名清節廟志。是明代人白瑜撰寫的。白瑜。字紹明。雲南永平人。萬曆二十三年（公元一五九五年）進士。官至刑部左侍郎。此書在張玭夷齊録基礎上。進

行了修改和補充。鎮江的此書是鈔本。書頁上有翰林院的大印。很可能是江蘇巡撫或兩淮鹽運使採進後送到四庫館去的。又有忠節録一書。此書出自明代張朝瑞之手。張朝瑞。字子禎。海州人。隆慶二年（公元一五六八年）進士。官至南京鴻臚寺卿。他認爲宋端儀的革除録和郎瑛的萃忠集在記十七諸臣的事迹時。互有舛漏。因此編輯了此書。以考證精確而名。此書也被收入了四庫全書的存目史部十八傳記類四。它的載體形式是鈔本。書頁上蓋有紅彤彤的翰林院大印。還有一部嘉靖倭亂備鈔。是由兩淮鹽政徵

集送到四庫館去的。此書不著撰人名氏。時間記載從嘉靖二十三年（公元一五四四年）日本入貢開始。終於四十五年（公元一五六六年）閏十月。凡倭之構亂以及平戢始末皆載之。大旨謂倭亂始於謝氏之通海。成於嚴嵩之任用非人。功罪顛倒。所言比正史爲詳。具有較高的史學價值。此書被列入了四庫全書存目史部九雜史類二。

藏書樓的頂層是接待廳和學術廳。兩廳用精致的隔扇分開。接待廳稍小。可容納十餘人入座。而學術廳稍大。可以容納三十人在內研討。兩廳都布置得極有品位。內置紅木的座椅和茶几。用大小不

等的博古架來點綴。壁上配有名人的題詩。學術廳內還添了幾張古樸的書桌。人臨其境。就會被一種淡雅的文化氣息感染。仿佛又回到當年的那種讀書情境。兩廳的中間用欄圍起。仿佛是一個天井。從上到下都是空的。最精彩的地方是中間的圓頂。其中龍的彩繪大氣而不凡。具有皇家的氣派。若上面的射燈打開。不僅整個圓頂絢爛多彩。而且光綫直射到地面的圖案上。又是一種奇觀。

藏書樓的後面建有一座碑亭。裡面樹立了一塊大碑。正面刻有書海兩個大字。背面有鎮江高專

喬長富教授撰寫的重建文宗閣記。文曰。名城鎮江。英才輩出。鴻篇巨制。光耀神州。人文淵藪。乃建有金山文宗閣。爲乾隆時清廷所建。庋藏四庫全書七閣之一。咸豐中遭遇戰火。閣毁書亡。其後百餘年有志者屢謀恢復。終難如願。改革至今。國疆文昌。市委市政府决策復建斯閣于金山東南。歷時二載。訊閣告成。經史子集。依傳統以納。故廳廊閣亭。添舊制而出訊。佳日登臨。盱衡今古。當亦有感于閣之廢興而知人生進取之道也。因爲之記。共襄盛事。透過那俊秀的字迹。可以讓人更深刻地了解復建的不易。鎮江

園林人是這樣表述的。復建文宗閣是一件必然的事。祗是在時間上有早晚。能現在就圓了這個夢。有三個重要的起因。一是知名學者清史專家閻崇年的推動。他對文宗閣情有獨鍾。二〇〇八年四月七日來鎮江講學時。尋訪考察遺址後。專門給鎮江市領導寫信。建議復建文宗閣。讓這座反映人類文化遺産的重要藏書樓再現金山。延續文脉。引起了市政府主要领导的高度重視。二是我市的三山改造工程給復建文宗閣提供了一個很好的時機。可以比較早地把這件事做起來。三是長期以來鎮江讀

書人對文宗閣的潛心研究取得了很多成果。還找到了當年的文宗閣實景寫真圖。使復建有了基礎。可以說正是這些心血凝聚而來如今的成果。

文宗閣的整體建築保持了原有的風格。沿中軸綫對稱分布。兩邊的圍墻迴廊廊亭等因地勢的走向都盡可能做到相對均衡。形成對稱又不完全對稱。圍合又不完全圍合的景觀院落空間。同時又巧於借景。把原有的十多棵香樟銀杏女貞紫薇羅漢松樹等合理地分布在院落的内外左右。使院落和綠蔭很好地搭配起來。在閣前的庭院中間。設計

時添加了一塊約五米高的景觀石作爲庭院的主景。院落周邊又配置了五百多噸假山石形成了大小不一高低起伏的假山樹槽。并在假山石樹槽中點綴了海棠紅楓白玉蘭五針松櫻花桂花紫薇等名貴花木。臨水沿着圍墻邊。又成片地栽植了剛竹。通過巧妙的搭配。各種造園的要素被得到了充分的利用。形成完美的統一。文宗閣建設過程中也特別注重了對原生態的保護。保留了過去的植物景觀。包括十多棵大樹。達到了雖由人作。宛自天開的最佳效果。營造出讀書樓幽靜典雅的韵味。

圖書在版編目 (CIP) 數據

文宗閣 : 全 2 冊 / 徐蘇撰 ;《文宗閣》編輯委員會編 . —鎮江 : 江蘇大學出版社 , 2012.9
ISBN 978-7-81130-389-6

Ⅰ. ①文 ... Ⅱ. ①徐 ... ②文 ... Ⅲ. ①藏書樓—介紹—鎮江市 Ⅳ. ① G259.275.33

中國版本圖書館 CIP 數據核字 (2012) 第 210210 號

ISBN 978-7-81130-389-6

文宗閣（全二册）

撰　　者　徐　蘇
編　　者　《文宗閣》編輯委員會
責任編輯　顧正彤
出版發行　江蘇大學出版社
地　　址　江蘇省鎮江市夢溪園巷三十號
郵　　編　二一二〇〇三
電　　話　（〇五一一）八四四四六四六四（傳真）
排　　版　鎮江文苑制版印刷有限責任公司
印　　刷　揚州古籍綫裝科技文化有限公司
字　　數　一六〇千字
版　　次　二〇一二年九月第一版　二〇一二年九月第一次印刷
書　　號　ISBN 978-7-81130-389-6
定　　價　叁佰陸拾圓整（全二册）